Luxemburg

Reinhard Tiburzy

▶ Dieses Symbol im Buch verweist auf den großen Faltplan!

Wellkomm – Bienvenue – Willkommen

Mein heimliches Wahrzeichen	4
Erste Orientierung	6
Schlaglichter und Impressionen	8
Geschichte, Gegenwart, Zukunft	12
Übernachten	14
Essen und Trinken	16
Reiseinfos von A bis Z	18

Unterwegs in Luxemburg

Luxemburg 15 x direkt erleben

Luxembourg-Ville (Lëtzebuerg-Stad) 30

Luxemburg-Stadt 30

direkt 1 ▶ **1000 Jahre in 100 Minuten – auf dem Wenzel-Rundweg** 32
Ein Spaziergang entlang der ältesten Festungsreste der Stadt.

direkt 2 ▶ **Packende Zeitreise – Musée National d'Histoire et d'Art** 38
Von der Prähistorie bis zur zeitgenössischen Kunst.

direkt 3 ▶ **Kunst jenseits der Roten Brücke – das Kirchberg-Plateau** 42
Mit dem Fahrrad unterwegs zwischen avantgardistischer Architektur und hochklassigen Skulpturen.

Das Gutland 50

Esch-sur-Alzette (Esch-Uelzecht) 50
Bourglinster (Buerglënster) 55
Junglinster (Jonglënster) 61
Beaufort (Beefort) 62   Echternach (Iechternach) 63

direkt 4 ▶ **Es dampft und rattert – Parc Industriel du Fond-de-Gras** 52
Mit der Dampfeisenbahn und Schmalspurbahn auf alten Trassen.

direkt 5 ▶ **Staunen und entdecken – im Parc Merveilleux** 56
Im abwechslungsreichen Fun-Park werden Märchen wahr.

| direkt 6 | **Jede Menge Burgen – das ›Tal der sieben Schlösser‹** | 58 |

Erkundungsfahrt mit dem Auto durch das grüne Eischtal.

| direkt 7 | **Die Willibrord-Stadt – Echternach** | 64 |

In der Basilika und in der Abtei lernen Sie den Mönch kennen.

| direkt 8 | **Zu Perekop und Hohllay – in der Luxemburger Schweiz** | 69 |

Wandern in der schönsten Gegend des Großherzogtums.

Das Ösling 72

Ettelbruck (Ettelbréck) 72   Diekirch (Dikrech) 73
Vianden (Veianen) 74   Bourscheid (Buurschent) 80
Esch-sur-Sûre (Esch-Sauer) 81   Wiltz (Wolz) 87
Clervaux (Klierf) 92

| direkt 9 | **Die Schönste im ganzen Land – die Hofburg Vianden** | 75 |

Der Byzantinische Prunksaal und der große Weinkeller lassen
ahnen, dass man in der Burg zu leben wusste.

| direkt 10 | **Das Dorf im ›Loch‹ – Esch-sur-Sûre** | 82 |

Rundgang durch den kleinen denkmalgeschützten Ort.

| direkt 11 | **Mit allen Sinnen erkunden – Natur an der Obersauer** | 85 |

Fichtenzapfen mit den Füßen ertasten, einen Stein summen
hören oder einen Bach fühlen – das ist hier alles möglich.

| direkt 12 | **Gartenfaszination – der Jardin de Wiltz** | 89 |

Vielseitiges Gesamtkunstwerk.

| direkt 13 | **Menschen, Burgen, Ardennen – im Schloss Clervaux** | 94 |

Drei Museen unter einem Dach.

Das Moseltal 98

Mondorf-les-Bains (Munneref) 98   Schengen 100
Remerschen 100   Schwebsange (Schwéidsbéng) 104
Remich (Réimech) 104   Stadtbredimus (Briedemes) 108
Wormeldange (Wuermeldéng) 109   Grevenmacher
(Gréiwemaacher) 110   Wasserbillig (Waaserbëlleg) 111

| direkt 14 | **An der Mosel – auf der ›Route du vin‹** | 101 |

Im Süden Luxemburgs reiht sich ein idyllisches Winzerdorf
an das andere.

| direkt 15 | **Mit dem Fahrrrad – von der Mosel nach Dahlheim** | 105 |

Entlang der ›Velo Romanum‹ auf den Spuren der Römer.

Sprachführer	112
Kulinarisches Lexikon	114
Register	116
Autor, Abbildungsnachweis, Impressum	120

Wellkomm – Bienvenue – Willkommen
Mein heimliches Wahrzeichen

Wuchtige Festungsreste des ›De dräi Eechelen‹ genannten Bollwerks Fort Thüngen und der kühne, avantgardistische Glasbau des Musée d'Art Moderne Grand-Duc Jean, geschaffen vom chinesisch-amerikanischen Stararchitekten Ieoh Ming Pei, der auch die Louvre-Pyramide in Paris gebaut hat, bilden auf dem Kirchberg in Luxemburg-Stadt ein harmonisches Ganzes. Alt und Neu, wuchtig und leicht, massig und fragil – so wie hier liegen in Luxemburg Gegensätze oft dicht beieinander und ergänzen sich, und das nicht nur in der Architektur.

Erste Orientierung

Stellen Sie sich vor, Sie schlagen die Speisekarte auf und entdecken das Menü ›Luxemburg‹. Als Aperitif lädt die Kleine Luxemburger Schweiz mit dem wild-romantischen Mullerthal zum Wandern in herrlicher Natur ein. Vorspeise ist das Ösling in Luxemburgs Norden. Das Hauptgericht: Luxemburg-Stadt, Herz des Landes, weltstädtisch und doch auch einen Hauch provinziell. Zum Dessert dann die Mosel mit ihren gemütlichen Winzerdörfern. Und zum Abschluss noch als Espresso das Gutland und die Minette, das herbe Land der roten Erde. Bei diesem Menü brauchen Sie nicht lange zu überlegen, damit treffen Sie eine gute Wahl – voilà, bon appetit!

Die Kleine Luxemburger Schweiz

Ein Wanderparadies par excellence ist die **Kleine Luxemburger Schweiz** (▶ F/G 6/7)! Die Natur hat hier an der **Schwarzen Ernz** tiefe Schluchten hinterlassen, zu deren Seiten sich mächtige, von Spalten zerteilte Felsen auftürmen. Klüfte, bizarre Gesteinsformen und Grotten geben der Landschaft ein märchenhaftes Antlitz. Und dann **Echternach** (▶ G 6)! Hier lässt es sich nach der Wanderung prima entspannen, oder den Tag mit dem Besuch einer Aufführung des hochkarätigen Echternacher Musikfestivals krönen. Die viel besuchte Willibrordstadt ist vor allem aber für ihre Springprozession berühmt, die seit 2010 Weltkulturerbe der UNESCO ist.

Luxemburgs ›Nordland‹: das Ösling

Éisleck – das klingt nordisch. Und in der Tat, das Éisleck oder **Ösling** (▶ D–F 2–6), die luxemburgischen Ardennen, das ist das ›Nordland‹ des Großherzogtums – unsere schmackhafte Vorspeise. Weite Wälder und tief eingekerbte Flusstäler prägen diese reizvolle Landschaft. Mittelalterliche Orte wie **Clervaux, Wiltz, Esch-sur-Sûre** und **Vianden** mit ihren prächtigen Schlössern und Burgen oben im Fels ducken sich in Flusstäler. Und dann die Naturparks an den Flüssen Sauer und Our. Im Frühling stößt man auf wilde Narzissen, sommertags wandert man in schattigen Wäldern, im Herbst zwischen herrlich gefärbten Lohhecken und Buchenhainen. Im Winter, wenn schneebedeckte Wald- und Feldwege zum Skiwandern einladen, zeigt das Éisleck dann sein nordisches Gesicht.

Luxembourg – ›d' Stad‹

Nun aber zur **Hauptstadt** (▶ E 9 und Karte 2), dem Hauptgericht. Beeindruckend ihre Lage an den tiefen, von den Flüsschen Alzette und Pétrusse in den Fels gekerbten Schluchten. Graf Siegfried hat hier 963 auf einem Fels seine **Lützelburg** erbaut. Strategisch äußerst begehrt, streckten immer wieder Herrscher Europas ihre Hand nach dieser Festung aus, die unzählige Male verwüstet, neu erbaut und erweitert, und schließlich zur **größten Festung Europas** ausgebaut wurde. Obwohl lange geschleift, lässt sich noch jetzt die wuchtige Dimension des einstigen Bollwerks erkennen.

Heute laden alte Wehrgänge ein zum Promenieren, der einstige Exerzierplatz Place d'Armes zum Müßiggang in gemütlichen Straßencafés, Altstadtgassen

Erste Orientierung

und Einkaufsstraßen zum Stadtbummel. Seite an Seite stehen Großherzoglicher Palast und Abgeordnetenkammer in der Altstadt. Ab und an trifft man hier luxemburgische Parlamentarier an, ein Schwätzchen haltend, bis sie gemeinsam einem Restaurant zustreben – Grande Cuisine. Nicht ausgeschlossen, dass man zuvor auf dem Markt noch schnell dicke Bohnen für zu Hause besorgt, für seine Leibspeise *Judd mat Gaardebounen*. Man ist bodenständig. Doch dann auch wieder weltstädtisch, lässt sich beim italienischen Figaro die Haare schneiden, beim französischen Tailleur beschneidern, besucht das Atelier des spanischen Malers und zieht danach zum irischen Pub.

La Moselle – mehr als nur ein Fluss

Das mit mildem Klima gesegnete **Moseltal** (▶ F–H 8–11) mit seinen idyllischen Winzerdörfern und schönen Uferpromenaden lädt ein zum Pröbeln und Schlemmen. Und natürlich zur Schiffstour auf den Fluss. Im Herbst folgt ein Weinfest dem andern, Weinmuseen erzählen die regionale Weingeschichte bis in die Römerzeit zurück. Doch bietet ›la Moselle‹ noch mehr. So trumpft **Mondorf-les-Bains** (▶ F 10) mit mineralhaltigem Wasser, herrlichem Wellnessangebot und Spielkasino auf.

Das Gutland und die Minette – nicht mehr ›Revier‹

Nach diesem köstlichen Dessert folgt als Espresso Luxemburgs Südhälfte, das **Gutland** (▶ B–G 6–11), und die Minette, so benannt nach der eisenerzhaltigen Erde. Lebhafte Orte wie **Ettelbruck** und **Diekirch**, das ›Tal der sieben Schlösser‹ und die ›Linster-Dörfer‹ sind reizvolle Reiseziele. Ganz unten dann die Minette, die dem Land bis Mitte des 20. Jh. den Wohlstand brachte. Aber auch Ruß und Schmutz. Doch mit der Stahlkrise fand das ein Ende und die Minette wandelte sich. Über die einst entblößte Erde ziehen heute Naturpfade, anstatt lärmender Erzbahnen schnaufen heute nostalgische Dampfloks auf den Gleisen, und **Esch-sur-Alzette** (▶ C/D 11) hat den Ruß ab- gestreift und sich zur viel besuchten Einkaufsstadt gewandelt.

Esch-sur-Sûre: das Dorf in der Flußschleife

Schlaglichter und Impressionen

Der Luxemburger an sich

»Ich bin Europäer luxemburgischer Nationalität«, kommt es, nach seiner Nationalität befragt, überzeugt von einem Luxemburger, doch dann fügt er beherzt hinzu: »Aber zuallererst bin ich mal Luxemburger!« Wobei sich erst nach weiteren Erläuterungen herausstellen würde, welche Art Luxemburger der Luxemburger nun ist. Tatsächlich nämlich ist das Volk der Luxemburger keine homogene Masse. Ist er ursprünglich französischer, belgischer, deutscher oder portugiesischer Herkunft? Ist er eher frankophon, schaut am liebsten französische TV-Programme, hat französischsprachige Bücher im Schrank stehen und bevorzugt französische Automobile? Oder eher germanophon? Oder gar ein luxemburgisches Urgestein, das nur Lëtzebuergesch liest, schreibt, spricht, hört und sieht? Den Luxemburger an sich? Den gibt es an sich nicht!

Vielmehr hat sich im Laufe der langen Geschichte an der Schnittstelle zwischen der romanisch und germanisch geprägten Welt eine ausgesprochen multiple Gesellschaft etabliert. Die geografische Lage zwischen den Großmächten war Fluch und Segen zugleich. Unter der Fremdherrschaft der Burgunder, Spanier, Österreicher, Franzosen und Preußen war das Volk zur Anpassung gezwungen, zugleich aber auch Profiteur. Nehmen wir nur die luxemburgische Küche – eine erquickliche Symbiose aus französischem Raffinement, preußisch großen Portionen und luxemburgischer Deftigkeit. Mit Deutschland hatte Luxemburg im 19 Jh. gute wirtschaftliche Beziehungen, doch kulturell war und ist man eher Frankreich zugeneigt. Man bewundert die Grande Nation, die Grande Cuisine und den Pariser Schick. Wer in Luxemburgs Hauptstadt ist, spürt schnell das französische Flair.

Sprachgewandt

Dem Luxemburger wird die beneidenswerte Mehrsprachigkeit gleichsam in die Wiege gelegt. Bereits in der Grundschule lernen die Dreikäsehochs Deutsch und Französisch, später kommen Englisch und oft eine weitere Fremdsprache hinzu. Und ihre eigene Sprache, Lëtzebuergesch, das erst seit 1984 offiziell Landessprache ist, nehmen sie mit der Muttermilch auf. Damit sind sie meist unter sich, in der Familie, im Freundeskreis, im Parlament. Man ist stolz, über eine eigene Sprache zu verfügen, und so betont man gelegentlich gegenüber den Belgiern, dass man ja, anders als diese, eine eigene Nationalsprache habe. Zugleich sind Luxemburger überzeugte Europäer. Weit über 70 % der Bevölkerung sind für die EU, wesentlich mehr als in anderen EU-Staaten.

Im Internet und in Zeitungen wechselt die Sprache oft mit dem Thema. Artikel zu Verwaltung, Politik und Justiz sind häufig in französischer Sprache verfasst, Artikel aus dem Ressort Lokales in Lëtzebuergesch, Kulturjournalisten schreiben häufig in Deutsch.

Im Süden des Landes sowie in manchen Hotels wird vermehrt Französisch gesprochen. Führungen (in Museen, Schlössern, Burgen) werden häufig auf Französisch oder Lëtzebuergesch angeboten, wenn gewünscht aber gerne auch in Deutsch. In Restaurants liegt

Schlaglichter und Impressionen

man damit jedoch häufig daneben, dort sollte man, wenn möglich, die Bestellung in französischer Sprache aufgeben.

Moien!
… so grüßen sich Luxemburger, die sich kennen, und zwar von morgens bis spät in die Nacht, und wenn sie besonders freundlich zueinander sind, mit ›Moien! Moien!‹. Zum Abschied sagen sie dann ›Äddi‹ oder ›Awwuar‹. Für Besucher ist das förmlichere ›Bonjour‹ und ›Au revoir‹ eher angebracht.

Die »Großherzogs«
… so nennen die Luxemburger liebevoll ihre Herrscherfamilie: Großherzog Henri, Großherzogin Maria Teresa, gebürtige Kubanerin, und ihre fünf Kinder, Prinzessin Alexandra, Prinz Louis, Prinz Félix, Erbgroßherzog Guillaume und Prinz Sébastien. Der 1953 geborene Großherzog Henri ist der neunte im Amt, wobei die ersten drei, die Könige der Niederlande, Wilhelm I.–III., gewissermaßen nur nebenher Großherzöge waren. Wohnsitz der großherzoglichen Familie ist Schloss Berg, Residenz das Palais Grand-Ducal, dessen Lage im Herzen der Stadt Luxemburg die Nähe der großherzoglichen Familie zur Bevölkerung ausdrückt. Gewöhnlich paradiert ein Wachsoldat mit geschultertem Gewehr vor dem Palast auf und ab. Sind es zwei und ist die luxemburgische Flagge gehisst, befindet sich der Großherzog im Palast.

Günstiger Tanken und Shoppen
Benzin ist in Luxemburg billiger als in den Nachbarländern. Weshalb in den grenznahen Orten häufig Autoschlangen vor den Tankstellen anzutreffen sind. Besonders zur Rushhour, wenn viele Pendler vor dem Verlassen des Landes noch schnell auftanken möchten. Zudem sind die meisten grenznahen Tankstellen längst zu ausgewachsenen Supermärkten mutiert, in denen Zigaretten und Tabak, Kaffee, Wein, Spirituosen und auch Parfüms preisgünstiger als in den Nachbarländern angeboten werden. Wer hier nicht lange Wartezei-

Der Palais Grand-Ducal in Luxemburg-Stadt ist Sitz des Großherzogs

Schlaglichter und Impressionen

ten vor der Tanksäule und an der Kasse in Kauf nehmen will, erledigt das Tanken und Einkaufen besser tagsüber.

Mittagspause à la française

Zu Mittag geht es in Luxemburg ähnlich zu wie in Frankreich: Von 12 bis 13.30 Uhr läuft bei Banken, Post, Behörden und in Büros (hier bei manchen auch bis 14 Uhr) nichts. Dann wird es in den Cafés, Bistros, Kneipen und Restaurants entsprechend voll; nur wer den Mittagspäuslern ein paar Minuten zuvorkommt oder reserviert hat, kriegt dort noch einen Platz.

Rushhour

Werktags strömen Grenzpendler – es sollen rund 120 000 sein – aus den Nachbarländern in das Großherzogtum. Die meisten in die Hauptstadt, in die aber auch viele Luxemburger zu ihren Arbeitsplätzen kommen, und abends geht es wieder zurück – weshalb zu den Rushhours (7.30–9 und 17–18.30 Uhr) Straßen verstopft, Züge und Busse überfüllt sind.

Sonntag in der City

Im Gegensatz zum quirligen Stadtleben an Werktagen geht es sonntags in der Hauptstadt eher beschaulich zu. Fast alle Geschäfte sind zu, die meisten sogar noch bis montagmittags. Die Banker und Angehörigen der Eurokommune sind zu Hause – deshalb sind auch die meisten Restaurants und Bistros geschlossen.

Ins Fettnäpfchen getreten …

Dass Luxemburg ein kleines Land ist und ein guter Platz für Banken, das weiß jeder Luxemburger, ihn darauf hinzuweisen, macht sich aber nicht gut. Andererseits sammelt man schnell Pluspunkte, wenn man sich bemüht, etwas Lëtzebuergesch zu sprechen und zu verstehen.

Schuster mit militärischem Schneid

Irgendwas von Heinz Rühmann und Harald Juhnke muss er schon an sich gehabt haben, denkt so mancher vor dem Grabstein mit der Pickelhaube. Und

Daten und Fakten

Bezeichnung: Groussherzogtum Lëtzebuerg (lëtzebuergesch), Grand-Duché de Luxembourg (frz.), Großherzogtum Luxemburg (dt.)
Lage: Luxemburg bildet ein Dreieck zwischen Deutschland im Osten, Frankreich im Süden und Belgien im Norden und Westen.
Fläche: 2586 km^2, Länge 82 km, Breite 57 km
Regierungsform: parlamentarische Demokratie in Form einer konstitutionellen Erbmonarchie
Höchster Punkt: Kneiff bei Huldange, 560 m
Einwohner: 502 000 (2010), ca. 43 % der Bevölkerung sind ausländischer Herkunft.
Religion: Etwa 90 % der Bevölkerung sind Katholiken, 10 % sind Protestanten, Juden und Muslime.
Hauptstadt: Luxemburg, 92 000 Einw.
Landessprache: Lëtzebuergesch, Verwaltungssprachen: Französisch, Deutsch, Lëtzebuergesch

Schlaglichter und Impressionen

Zur Rushhour ist die Stadt verstopft – der Radleihservice Vel'oh! weiß Rad, pardon, Rat

kann es kaum fassen, dass der berühmte »Hauptmann«, der in Leihuniform und mit echten, auf der Straße aufgetriebenen Soldaten die Stadtkasse von Köpenick stibitzte, auf dem Friedhof in Luxemburg-Stadt liegt. Nach seiner Köpenackiade eingesperrt und später begnadigt, tingelte er mit einem Zirkus zunächst durch die USA und kam dann nach Luxemburg. Auch hier konnte er es nicht lassen: In einen alten Militärmantel gehüllt sah Wilhelm Voigt 1914 dem Einmarsch der deutschen Truppen zu und wurde prompt wegen »unerlaubten Tragens einer Uniform« von Feldgendarmen verhaftet.

Stockfisch und Fatima

Bei Portugiesen steht das Großherzogtum hoch im Kurs: 80 000 leben derzeit in Luxemburg, das sind mehr als 16 % der gesamten luxemburgischen Bevölkerung. Das Städtchen Larochette ist beispielsweise fast eine portugiesische Exklave. Und wenn sich am Himmelfahrtstag in Niederwiltz die Fatima-Prozession in Gang setzt, begleiten tausende portugiesische Pilger die Statue der Heiligen.

Ganz jung – die Universität

Die Universität Luxemburg gibt es erst seit 2003, sie ist über die Standorte Kirchberg, Limpertsberg und Walferdange verteilt, um 2013 wird sie wahrscheinlich nach Esch-Belval umziehen. Massenveranstaltungen kennt man übrigens auf dem Campus nicht. Und Studiengebühren? Oh ja, wenn auch recht niedrige.

Gesetzlicher Lohn – mindestens

Während man bei uns heftig über Mindestlöhne streitet, hat man in Luxemburg nicht lang gefackelt und einen gesetzlichen Mindestlohn festgelegt, und zwar einen recht ordentlichen. Seit dem 1. Januar 2009 beläuft sich der gesetzliche Mindestlohn auf über 1600 € pro Monat. Jüngeren Arbeitnehmern (17–18 Jahre) stehen über 1300 € zu, und bei 15- bis17-Jährigen liegt er bei über 1200 €. Qualifizierte Arbeitnehmer erhalten sogar noch einen Zuschlag von 20 %, also einen gesetzlichen Mindestlohn von über 1970 €. Außerdem: Er wird alle zwei Jahre an die allgemeine Lohnentwicklung angepasst.

Geschichte, Gegenwart, Zukunft

Wer in Luxemburgs Rückspiegel der Geschichte blickt, entdeckt weit entfernt und schemenhaft Sandalen- und Kapuzenträger. Erstere, innovative Römer, die Cäsars Kohorten folgten, ließen Handel, Handwerk und Landwirtschaft erblühen, samt des Weinbaus im Moseltal. Zu den wegweisenden Männern im Habit zählt insbesondere der angelsächsische Missionar Willibrord, der 698 das Kloster Echternach gründete. Später soll er – *par ordre du mufti* – die Springprozession verfügt haben, zur Strafe für Frevler, die ihre Kirchen mit Tanzschuppen verwechselt hatten.

Siegfried legt den Grundstein Luxemburgs

963 errichtet der Ardennengraf Siegfried auf einem Felsen in einer Flussschleife der Alzette die Lützelburg (*Lucilinburhuc*) und legt damit den Grundstein für Stadt und Grafschaft Luxemburg. Ab Mitte des 15. Jh. unterliegt Luxemburg einer fast 400 Jahre währenden Fremdherrschaft durch Burgunder, Spanier, Österreicher und Franzosen. Vauban, der Festungsbaumeister Ludwigs XIV., baut die Burg in der Hauptstadt Ende des 17. Jh. zu einer der größten Bastionen Europas aus.

Vom Herzog- zum Großherzogtum

Nach der verheerenden Schlappe Napoleons bei Waterloo wird Europa 1815 durch den Wiener Kongress neu geordnet. Das Herzogtum wird Großherzogtum, mit König Wilhelm I. der Niederlande als Herrscher. Zugleich wird Luxemburg in den Deutschen Bund eingegliedert, die Hauptstadt von preußischen Truppen besetzt. 1867 garantieren die europäischen Mächte Luxemburg »immerwährende Neutralität«. Die preußischen Besatzer verlassen die Hauptstadt, die Festung wird geschleift. 1890 wird Herzog Adolphe von Nassau-Weilburg Großherzog von Luxemburg. Erstmals ist das Großherzogtum unabhängig.

Weltkriege

Während der beiden Weltkriege besetzen deutsche Truppen Luxemburg. Unter der Herrschaft der Nationalsozialisten werden über 100 000 Menschen zwangsevakuiert, 10 000 Männer zum Militärdienst und 3600 Frauen in den Arbeitsdienst gezwungen. Aus dem königlichen Palast machen Nazis eine Taverne und einen Konzertsaal. Zahlreiche Städte werden zerbombt. Unzählige Mahnmale im ganzen Land erinnern an diese schrecklichen Zeiten.

Europa – für Luxemburg nicht nur ein Wort

1945 ist das kleine Großherzogtum Gründungsmitglied der Vereinten Nationen, 1949 von NATO, 1957 der Europäischen Wirtschaftsgemeinschaft (EWG). Und 1985 beschließt Luxemburg mit vier weiteren EU-Staaten auf den Schiffsplanken eines auf der Mosel bei Schengen dümpelnden Ausflugdampfers das Schengener Abkommen. Heute ist Luxemburgs Hauptstadt bedeutendes EU-Zentrum mit Sitz wichtiger europäischer Institutionen wie dem Europäischen Gerichtshof, dem Europäischen Rechnungshof, der Europäischen Investitionsbank und dem Sekretariat des EU-Parlaments. Und wenn man in

Geschichte, Gegenwart, Zukunft

Europa eine Politiker-Persönlichkeit der heutigen Tage kennt, dann ist es Luxemburgs Premier Jean-Claude Juncker, der sich mehrfach als geschickter Vermittler innerhalb der EU hervortat.

Besonders verdient gemacht um Europa hat sich schon lange zuvor der in Luxemburg geborene Robert Schuman, einer der Gründungsväter der Europäischen Union und Wegbereiter der 1951 festgeschriebenen Europäischen Gemeinschaft für Kohle und Stahl.

Gold rush in Luxemburg

Einst eines der ärmsten Länder, setzte im 20. Jh. ein Wirtschaftswunder ein, das den Zwergstaat zu einem der reichsten Länder der Welt machte. Der Reichtum beruhte auf der Entdeckung eisenhaltiger Erzvorkommen im Süden des Landes. Das ›rote Gold‹ zog tausende ›Gastarbeiter‹ aus ganz Europa an. Viele blieben, auch als in den 1970er-Jahren Luxemburgs Schwerindustrie zum Erliegen kam. Angesichts des drohenden Zusammenbruchs hatte der luxemburgische Staat jedoch schon frühzeitig auf ein anderes Zugpferd gesetzt und besonders günstige Bedingungen für Banken geschaffen. Worauf sich innerhalb von zwei Dekaden über 200 Banken und tausende Holdings in der Kapitale niederließen.

›Mir wölle bleiwe wat mir sin‹

So das Motto der Luxemburger. Man ist vielsprachig. Wird bestens entlohnt. Und multikulturell ist man sowieso. Von den knapp anderthalb Millionen Einwohnern des Landes sind fast die Hälfte ausländischer Herkunft und werktags kommen nochmals, wenn auch nur für Stunden, 120 000 Grenzpendler hinzu. Indes, Luxemburgs Bankenfestung bröckelt, die Anzahl der Banken ist um ein Viertel geschrumpft. Irgendwann gibt auch diese Goldader nicht mehr so viel her. Man will bleiben, was man ist, aber stillstehen wird man nicht. Wird man sich abschirmen zur Wahrung der Identität? Wohl kaum. Man ist gerne Europäer.

Die Luxemburger ›wölle bleiwe wat mir sin‹

Übernachten

Preisniveau

Die Übernachtungskosten sind in der Hauptstadt am höchsten. Sie liegen bei Viersternehotels im Schnitt mehr als 24 %, bei Dreisternehotels etwa 12 % über denen im Lande, wobei die Preise in den Ardennen vielleicht einen Tick niedriger sind als in den anderen Regionen. In Luxemburg-Stadt kostet eine Übernachtung im Doppelzimmer (drei Sterne) durchschnittlich ab ca. 90 €, außerhalb der Hauptstadt ab ca. 80 €. Im Sommer senken große Hotels ihre Preise zum Teil erheblich.

Hotels

Sie werden in der Regel nach der Be-NeLux-Klassifizierung gemäß ihrem Komfort mit einem bis fünf Sternen bewertet, vom einfachen bis zum Luxushotel. Das Frühstück ist meist im Zimmerpreis enthalten. In der Hauptstadt gibt es vor allem Viersternehotels, in den anderen Regionen überwiegen Dreisternehäuser.

Die meisten Hotels betreiben auch ein Restaurant, wobei das Angebot je nach Haus von gut bürgerlicher bis zu gastronomischer Küche reicht. Etliche Hotels, besonders im Ösling, im Müllerthal, in der Kleinen Luxemburger Schweiz und an der Mosel, bieten zudem Halbpension an.

Hotelführer des ONT
Der kostenlose Führer ist in den örtlichen Touristenbüros erhältlich, unter www.ont.lu auch als interaktive Broschüre.

Buchungen online:
www.ont.lu
www.hotels.lu (ganzes Land)
www.lcto.lu (Hauptstadt)

Urlaub auf dem Lande

Für alle, die eine Region und ihre Menschen etwas näher kennenlernen möchten, besteht ein breites Angebot an Gästezimmern, Ferienwohnungen auf dem Lande, Unterkünften in Bauernbetrieben und in Häusern in ländlicher Umgebung.

In der Broschüre ›**Ferienwohnungen – Ferien auf dem Lande**‹ des ONT (interaktive Broschüre auf www.ont.lu) sind solche Unterkünfte detailliert aufgelistet und beschrieben. Weitere Infos unter www.gites.lu

Jugendherbergen

In Beaufort, Bourglinster, Echternach, Hollenfels, Larochette, Lultzhausen, Luxemburg-Stadt, Remerschen, Vianden und Wiltz (in Esch-sur-Alzette und in Beaufort in Planung) bieten *auberges des jeunesse* die Möglichkeit, preiswert zu übernachten. Altersbeschränkungen gibt es nicht. Benötigt werden ein gültiger Jugendherbergsausweis oder *welcome stamps* (3 €/Stück), die in jeder Jugendherberge erhältlich sind.

Eine Übernachtung (einschließlich Frühstück und Bettwäsche) kostet je nach Jugendherberge 16,20–20,80 €. Aufpreise: pro Person pro Nacht im Zweibettzimmer 5 €, pro Person pro Nacht im Einzelzimmer 12 €. Reiseim-

Übernachten

biss 4,50 €, leichte Mahlzeit 7 €, komplette Mahlzeit 9 €. Kreditkartenzahlung möglich.
Auskunft und Buchung: Centrale des Auberges de Jeunesse Luxembourgeoises, 2, rue du Fort Olizy, L-2261 Luxembourg, Tel. +352 26 27 66 40, www.youthhostels.lu. Die Jugendherbergen in Echternach, Lultzhausen, Remerschen und Wiltz sind auch für behinderte Gäste geeignet.

Camping und Caravaning

Über 50 schön gelegene, nach BeNeLux-Norm je nach Qualität mit bis zu fünf Sternen bewertete Campingplätze listet eine kostenlose Broschüre des ONT auf (auch als interaktive Broschüre bei www.ont.lu). Auf einigen Plätzen können Wohnwagen, Chalets oder Wanderhütten (s. u.) gemietet werden. **Infos** auch unter www.camping.lu und www.camprilux.lu. Wildes Campen ist übrigens verboten.

Trekkershutten (Wanderhütten)

Wanderungen zu Jugendherbergen lassen sich sehr schön – Reservierungen vorausgesetzt – mit Übernachtungen in Wanderhütten kombinieren. Das sind einfache, gut isolierte Holzhütten (ca. 11 m²) mit vier Schlafplätzen, Gaskocher, Heizung, Küche, Spüle, Töpfen und Geschirr. Schlafsäcke müssen mitgebracht werden. Die Hütten stehen auf sechs verschiedenen Campingplätzen, deren Einrichtungen mitbenutzt werden können. Die Übernachtung kostet 40 € für zwei Personen, für jede weitere Person 4 €. Etwas komfortabler und größer ist die Wanderhütte PLUS für sechs Personen (47 €/zwei Personen, 4 €/weitere Person). **Info:** www.trekkershutten.lu

Hotels für Wanderer, Radler und Biker – auch Mountainbiker

Diverse Luxemburger Hotels und Jugendherbergen bieten einen besonderen Service für Wanderer und Biker frei nach dem Motto: ›Sie wandern, fahren Rad oder biken – wir machen den Rest‹. Die zur **Entente des Hôtels-Restaurants/Ardennes Haute-Sûre** (www.ardennes-hotels.lu) zusammengeschlossenen Unterkünfte sind allesamt Bett-&-Bike-Gastbetriebe (www.lvi.lu) und sorgen für sichere Unterbringung der Räder ohne oder mit Motor, das Trocknen nasser Kleidung und Ausrüstung sowie ein kräftiges Radlerfrühstück. Die **Association Hôtelière au Cœur des Ardennes** (www.hotels-ardennes.lu) ermöglicht unbeschwertes Wandern, Rad- und Mountainbikewandern ohne Gepäck in den Ardennen, die der **Mullerthaler Trail Hotels** (www.trailhotels.lu) im Mullerthal. Die **Hôtels Réunis de la Petite Suisse** (www.hotelsreunis.lu) haben Pauschalangebote, gratis Busausflüge, Animation und geführte Besichtigungen im Programm. Auf der Website der **Logis Grand-Duché de Luxembourg** (www.logishotels.com) kann man gezielt nach besonders für Wanderer und Radler geeigneten Unterkünften suchen.

Essen und Trinken

Die luxemburgische Küche

Mit Sternen bedachte, kreative Spitzenköche sorgen dafür, dass sich die luxemburgische Grand Cuisine nicht zu verstecken braucht. Deutschland, Frankreich und die Wallonie direkt nebenan – kein Wunder, dass es zum Segen der luxemburgischen Küche zu einer Symbiose aus preußisch handfesten Portionen und französischem Raffinement kommt.

Dabei besinnt man sich auch auf die ursprünglichen, einheimischen Gerichte, die kulinarisch verfeinert heute selbst auf der Speisekarte von Gourmetrestaurants auftauchen. Das verdanken die Gaumenfreunde wesentlich der luxemburgischen Starköchin Léa Linster. Neben ihrem Gourmettempel in Frisange betreibt die Kolumnistin der Zeitschrift »Brigitte« und TV-Köchin (»Leas KochLUST«) in Kayl ein Restaurant mit einheimischen Spezialitäten (www.lealinster.lu).

Bäuerlichen Ursprungs ist die bodenständige luxemburgische Kost, einfach und deftig, mit einer pikant-würzigen Note. Nehmen wir nur das Leibgericht der Luxemburger: *Judd mat Gaardebounen*, deftiger Eintopf mit geräuchertem Schweinenacken, Saubohnen und Kartoffeln, zu dem übrigens ein Rivaner oder Elbling ausgezeichnet passt. Es ist längst zu einer verbreiteten Delikatesse geworden.

Weine

Luxemburgs Winzer an der Mosel keltern vorzügliche Weine. Der Elbling, leicht und erfrischend, passt zu *friture* und Muscheln, der Auxerrois, zart und fruchtig, zu Wild und Geflügel. Der trockene und milde Rivaner ist ein viel getrunkener Tafelwein. Der Pinot Blanc, ein trockener, frischer Weißburgunder, wird gerne zu Fischgerichten und Schalentieren serviert, der Pinot Gris mit seinem dezenten, aromatischen Bukett zu Lamm oder Wild. Der Riesling, ›König der Moselweine‹ mit feinem, rassigen Bukett, passt zu Fisch und Ardennerschinken. Gewürztraminer wird als Dessertwein geschätzt. Der Chardonnay, eine neue Rebsorte an der Luxemburger Mosel, wird gerne zu Meeresfrüchten getrunken. Rot und fruchtig ist der Pinot Noir. Luxemburgische Schaumweine ergänzen mit dem Crémant de Luxembourg an der Spitze das Angebot.

Bier und Schnaps

Luxemburgische Biere werden in wenigen Brauereien hergestellt. Neben den großen Brauereien in Diekirch (Diekirch, Mousel) und Bascharage (Bofferding, Beierhaarscht) behaupten sich kleine lokale Brauereien wie Simon in Wiltz und Ourdaller in Heinerscheid.

Die luxemburgischen Obstwasser *Kirsch, Mirabelle, Quetsch* (Pflaume), *Prunelle* (Schlehe) und der aus Äpfeln destillierte *Pommes* sind von ausgezeichnet fruchtigem Geschmack. Der *Nëssdrëpp*, ein aus unreifen Walnüssen destillierter Schnaps, wird auf dem jährlich am zweiten Sonntag im Oktober stattfindenden *Veiner Nëssmoort* (Viandener Nussmarkt, s. S. 80) verkauft. Köstlich ist auch der *Cassis*, der in Beaufort aus Schwarzen Johannisbeeren erzeugt wird.

Essen und Trinken

Kulinarischer Tagesablauf

Der Tag beginnt mit *Kaffi drénken*, wie frühstücken hier überall heißt, in einem gemütlichen Café oder Bistro, ›Salon de Consommation‹ oder ›Salon de Thé‹ einer Konditorei (mittags gibt es dort meist auch eine kleine Mahlzeit), mit Croissant, Kaffee und einem Klecks Marmelade. Viele Einheimische lieben es morgens noch süßer und greifen zu *Schoklasrullen* (croissantartig, mit Schokolade in der Mitte) oder einem *Aachtchen*, Wiener Gebäck in Form einer ›8‹ mit einer Puddingfüllung. Hotels servieren häufig ein reichhaltigeres Frühstück bis hin zum üppigen Büfett.

Mittags reicht manchem ein *Kachkéis* (Kochkäse auf Brot, warm, mit Senf) oder *Croque Monsieur* (Toastsandwich) in einem Café, oder man entschließt sich zu einer Mahlzeit in einem Restaurant, die durchaus mehrere Gänge umfassen kann.

Restaurants sind meist sehr gut besucht; soll es ein besonderes sein, empfiehlt es sich, vorher zu reservieren. Sonntags sind in der Hauptstadt viele Lokale und Bistros geschlossen.

Preisniveau

Mittags servieren viele Restaurants ein *Plat du jour* (Tagesgericht) oder *Menu du jour* (Tagesmenü) mit drei oder mehr Gängen – preisgünstiger als à la carte zusammengestellt. Ein Tagesgericht bekommt man in einem gutbürgerlichen Restaurant für ca. 9 bis 15 €, luxemburgische Spezialitäten wie *Judd mat Gaardebounen, Kuddelefléck* oder *Hiechtkniddelen* (Hechtklöße, frz. *quenelles de brochet*) an Rieslingsoße für ca. 15 €. Für ein Tagesmenü muss man mit ca. 10 bis 20 € rechnen.

In Gourmetrestaurants liegen die Preise für À-la-carte-Gerichte bei etwa 15 bis 30 €, ein Lunch-Menü kostet etwa 30 €. Für ein *Menu gastronomique* muss jedoch das Doppelte und mehr berappt werden, Getränke nicht eingeschlossen – Gaumen kitzeln kostet eben.

Die Luxemburger gehen zum Essen gerne aus

Reiseinfos von A bis Z

Anreise

... mit dem Flugzeug

Der Airport Luxembourg-Findel (www.lux-airport.lu), ca. 10 km außerhalb der Hauptstadt Luxemburgs, wird von zahlreichen deutschen Städten (Frankfurt, Berlin und Saarbrücken direkt) sowie aus Wien, Genf und Zürich angeflogen. Die luxemburgische Fluggesellschaft ist Luxair (www.luxair.lu, Tel. 24 56 42 42).

Zwischen dem Airport und der City verkehrt der **Eurobus Nr. 16**, Fahrzeit ca. 25 Min. (Haltestellen: Hauptbahnhof, Stadtzentrum, Kirchberg, Airport). Hauptbahnhof–Flughafen: Mo–Fr 5.34–21.39 Uhr alle 10–15 Min., der letzte Bus 21.39 Uhr, Sa 5.44–21.44 Uhr alle 20 Min., in letzter Bus 22.24 Uhr, So 6.24–22.24 Uhr alle 30 Min. Flughafen–Hauptbahnhof: Mo–Sa 5.30–23 Uhr alle 10–15 Min., Sa 5.25–22.25 Uhr alle 20 Min. und ein letzter Bus um 23.05 Uhr, So 6.59–21.59 Uhr alle 30 Min. und ein letzter Bus 22.59 Uhr. Preis: 1,50 €/Strecke.

... mit der Bahn

Züge aus dem Norden erreichen Luxemburg via Aachen, Liège und Namur (Belgien), aus Osten über Trier, aus Süden über Saarbrücken (ab dort Bus, Auskunft: www.cfl.lu). Innerhalb Luxemburgs fahren Nahverkehrszüge zu den meisten größeren Orten. Fahrräder können in den Zügen fast immer mitgeführt werden.

... mit dem Auto

Luxemburg ist zügig über das Netz umliegender Autobahnen zu erreichen. Hat man mehr Zeit, kann man bei der Anfahrt aus dem Nordwesten über Aachen die Autobahn beim belgischen Eupen verlassen und auf der Landstraße durch die schönen Moorlandschaften des Hohen Venn (Hautes Fagnes) und der Ardennen über Malmedy und St. Vith nach Luxemburg fahren. Von Nordosten kommend durchquert man die hügelige Landschaft der Eifel und gelangt westlich von Bitburg durch den wunderschönen Deutsch-Luxemburgischen-Naturpark in die reizvollen Orte Vianden oder Echternach, oder man fährt – eine schönere Route gibt es kaum – durch das windungsreiche Tal der Mosel flussaufwärts über Trier in den südlichen Teil des Großherzogtums.

Einreisebestimmungen

Deutsche, Österreicher und Schweizer benötigen einen gültigen Personalausweis oder Reisepass. Auch Kinder und Jugendliche benötigen einen eigenen Personalausweis oder Reisepass, sofern sie nicht vor 2007 im Pass der Eltern eingetragen wurden. Für einen längeren Aufenthalt ist ein Visum notwendig. **Zoll:** Für Reisende aus EU-Ländern gelten die erweiterten Obergrenzen für den privaten Konsum, Schweizer dürfen 200 Zigaretten, 1 l Spirituosen oder 2 l Wein einführen.

Feiertage

1. Jan.: Neujahrstag
Ostermontag
1. Mai: Tag der Arbeit
Christi Himmelfahrt
Pfingstmontag

Reiseinfos von A bis Z

23. Juni: Nationalfeiertag
15. Aug.: Mariä Himmelfahrt
1. Nov.: Allerheiligen
25./26. Dez.: Weihnachten
An diesen Tagen sind die Geschäfte und Ämter geschlossen. Fällt ein Feiertag auf einen Sonntag, gilt der nachfolgende Werktag als Feiertag.

Feste und Feiertage

Infos in den im Frühjahr erscheinenden Jahresveranstaltungskalendern sowie im Internet und im gratis-Kulturmagazin »Agendalux.lu« (www.agendalux.lu, erscheint 10 x im Jahr, erhältlich in Touristenbüros, überwiegend frz.). Zum kulturellen Angebot in der Hauptstadt: s. S. 47. Die jährlichen Veranstaltungen findet man auch auf der Website des ONT (s. S. 20).
Karneval: Februar/März, buntes Faschingstreiben mit Umzügen in Diekirch, Esch-sur-Alzette, Pétange, Remich und Schifflange.
Musikalischer Frühling: März–Juni, Luxemburg-Stadt, s. S. 49.
Émaischen: Ostermontag, auf dem Marché aux Poissons (Fischmarkt) in Luxemburg-Stadt und im Töpferdorf Nospelt.
Octave: 3.–5. Sonntag nach Ostern, Wallfahrt zu ›Unserer Lieben Frau von Luxemburg‹, Cathédrale Notre-Dame Luxemburg-Stadt.
Gënzefest: Pfingsten, Wiltz, s. S. 92.
Echternacher Springprozession (UNESCO Weltkulturerbe): Dienstag nach Pfingsten, Echternach, s. S. 65.
Summer in the City: Ca. 20. Juni–Mitte September, Luxemburg-Stadt, s. S. 49.
Festival de Wiltz: Juni/Juli, im Schloss Wiltz, s. S. 92.
Al Dikkrich: Juli, Diekirch, Tel. 80 30 23, www.diekirch.lu und www.ont.lu. Volksfest mit Konzerten, Tanz, Folklore und Unterhaltung.

Die Nation feiert: Am Vorabend des 23. Juni zieht in Luxemburg-Stadt ein großer Fackelzug am Großherzoglichen Palais vorbei, und auf dem Pont Adolphe wird ein riesiges Feuerwerk zu eigens in jedem Jahr neu komponierter Musik abgebrannt. Am Nationalfeiertag selbst findet in der Hauptstadt eine Militärparade statt. Außerdem gibt es im gesamten Großherzogtum zahlreiche Paraden, Festgottesdienste und Konzerte.

Festival Historique: August, Burg Vianden, s. S. 77.
Schueberfouer: 20. August, Luxemburg-Stadt, s. S. 49.
Fête du Vin et du Raisin: Zweites Wochenende im September, Grevenmacher, s. S. 110.
Tag des Ardennerpferds: Um den 10. September, Munshausen, Tel. 92 17 45, www.robbesscheier.lu, s. S. 97.
Riesling Open: September, Ehnen, Wormeldange, Ahn, Machtum, s. S. 109.
Veiner Nëssmoort: Zweiter So im Oktober, Vianden, s. S. 77.
Live at Vauban: Oktober–November, Luxemburg-City, s. S. 49.

Geld

Währung ist der Euro (€). EC-Maestro- und Debitkarten werden so gut wie überall akzeptiert. Bankautomaten, an denen man mit EC-Karte und internationalen Kreditkarten Bargeld erhält, sind weit verbreitet. Internationale Kreditkarten werden in Banken, größeren Hotels, Restaurants der gehobenen Kategorien, vielen Geschäften, Tankstellen und Autovermietern akzeptiert.

Reiseinfos von A bis Z

Gesundheit

Die Kosten ärztlicher Behandlungen in Luxemburg sind mit der Europäischen Krankenversicherungskarte (EHIC) der gesetzlichen deutschen Krankenkassen gedeckt. Es empfiehlt sich, zur Absicherung von Zusatzkosten sowie eines eventuellen Rücktransports, zusätzlich eine Reisekranken- und Unfallversicherung abzuschließen.

Informationsquellen

… in Deutschland
Office National du Tourisme (ONT)
(in der Großherzoglichen Luxemburgischen Botschaft)
Klingelhöfer Straße 7
D-10785 Berlin
Tel. +49 30 257 57 73
www.visitluxembourg.de

… in Luxemburg
Office National du Tourisme (ONT)
BP 1001, L-1010 Luxembourg
Gare Centrale (Tourist Info)
Tel: +352 42 82 82 20
www.visitluxembourg.de

Luxembourg City Tourist Office
BP 181, L-2011 Luxembourg
30, place Guillaume II
L-1648 Luxembourg
Tel: +352 22 28 09
www.lcto.lu

Hier erhält man Infos zu Sehenswürdigkeiten, Führungen, Festen, Veranstaltungen, sportlichen Aktivitäten sowie Übernachtungsmöglichkeiten und Restaurants. Größere Orte unterhalten eigene Fremdenverkehrsvereine *(Syndicat d'Initiative, Office de Tourisme)*. In kleineren Orten kümmert man sich häufig im Rathaus *(mairie)* um touristische Belange.

In Österreich und in der Schweiz unterhält das Großherzogtum keine eigenen Fremdenverkehrsämter.

Luxemburg im Internet:
www.ont.lu und
www.visitluxembourg.de: Die für Luxemburg-Besucher informativsten Seiten des Nationalen Büros für Tourismus (ONT) mit Infos zu Attraktionen, Events, etc. (dt., frz., engl.).
www.ardennes-lux.lu: Die Ardennen und ihre Naturparks (dt., frz., engl., nl.).
www.mullerthal.lu: Müllerthal und die Kleine Luxemburger Schweiz (dt., frz., engl., nl.).
www.moselle-tourist.lu: Die luxemburgische Weinregion an der Mosel im Netz (dt., frz., engl., nl.).
www.sud.lu: Website für das ›Land der Roten Erde‹, den Süden Luxemburgs (frz.).

Kinder

Luxemburg ist ein kinderfreundliches Land. Ganz kleine Kinder übernachten meist kostenlos, für ältere Kinder gibt es **Preisnachlässe.** Kinderbettchen sind in vielen Hotels vorhanden. Wohler fühlen sich Kinder jedoch meist in Ferienhäusern oder auf Bauernhöfen, wo es mehr Bewegungsfreiheit gibt.

In fast allen **Restaurants** werden Kindermenüs angeboten. Mehrgängige Feinschmeckermenüs sind für Kinder oft eine Geduldsprobe, mehr Spaß haben sie da schon an Pizza, Pommes oder Hamburgern.

Windeln voll – was nun? Restaurants großer Fast-Food-Ketten haben häufig eine Einrichtung zum Wickeln in der Damentoilette. Möglichkeiten zum **Wickeln** bestehen in Luxemburg-Stadt zudem im Gare Central.

Reiseinfos von A bis Z

LuxembourgCard

Die **ein Jahr gültige** Karte gewährt Zugang zu über 50 Museen und Attraktionen, freie Fahrt mit Bus und Bahn, Preisnachlässe bei Veranstaltungen und eine ausführliche Broschüre.
Preise: eine Person/Familie (2–5 Personen): 1 Tag 10/20 €, 2 Tage 17/34 €, 3 Tage 24/48 €. Erhältlich in Touristenbüros, Hotels, Jugendherbergen, Ferienwohnungen, Bahnhöfen, auf Campingplätzen, im Internetshop des ONT, www.visitluxembourg.lu.

Aktivitäten

Auf Entdeckungstour gehen, im Minizug durch die Orte zuckeln und Burgen besichtigen. In Luxemburg-Stadt gibt es einen Rundgang für junge Entdecker und Wissenschaftler – jeder Teilnehmer erhält sein offizielles Diplom als Stadtwissenschaftler (s. S. 49). Oder man nimmt den **Minizug**. Solche Züge gibt es in der Hauptstadt, in Vianden und Echternach.

Absolute Highlights für Kinder sind der **Parc Merveilleux** (s. S. 56) in Bettembourg, mit nachgestellten Märchen, exotischen Tieren, Abenteuerspielplatz, Restaurant und mehr. Im **Jardin des Papillons** (s. S. 110) in Grevenmacher entdeckt man exotische Falter. Im Freilichtmuseum ›A Robbesscheier‹ (s. S. 96) in Munshausen sind Planwagenfahrt, Eselsritt, Tiere füttern und Brötchen backen Programm. In den **Hochseilgärten** in Vianden (s. S. 79) und Heiderscheid (s. S. 84) können mutige Kids (aber auch ihre Eltern) beweisen, was sie draufhaben, alles unter fachkundiger Anleitung und abgesichert. Der rund 6,5 km lange **Klangwanderweg** in Hoscheid (s. S. 96) lädt auf 17 Stationen, darunter die Lauschinsel, Marimba Alouette, das Erdxylofon, der Waldgong und die Röhrenglocken zum Musikmachen und Staunen ein. Auf dem **Natur-Erlebnispfad Wasserfee im Naturpark Obersauer** (s. S. 85) kann man Musizieren am Baumxylophon, Telefonieren mit dem Baumtelefon, auf dem Barfußpfad lernen, wie sich Gras, Moos, Erde, Sand und Waldboden mit den Füßen anfühlen; Höhepunkt ist die Partnerschaukel. Auch die Bahnfahrt mit der **Minièresbunn**, einer Schmalspur-Grubenbahn, die durch einen unterirdischen Stollen nach Frankreich rattert (s. S. 52) macht Kindern Spaß.

Klima und Reisezeit

Von Mai bis Mitte Oktober sind die Temperaturen meist recht angenehm. Juli und August sind die wärmsten Monate, Mai und Juni die sonnenreichsten. Von

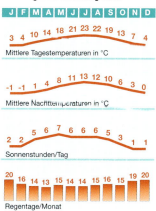

Klimadiagramm Luxemburg-Stadt

Reiseinfos von A bis Z

September bis November herrscht in Luxemburg ›Indian Summer‹. Im Frühjahr und Sommer ist das Großherzogtum bestens besucht, zu diesen Zeiten sollte man sein Quartier besser rechtzeitig reservieren.

Öffnungszeiten

Bei allen Zeitangaben kann es Abweichungen geben.
Geschäfte: Wochentags 8 (9)–12 und 14–18 Uhr (einige auch durchgehend). In den Städten haben viele Läden am Montagmorgen zu, sind jedoch von 14–18 Uhr geöffnet.
Banken: Mo–Fr 9–12, 13.30–16.30 Uhr.
Museen: Meist Mo geschlossen.
Post: Mo–Fr 8–12, 13.30–17 Uhr, Hauptpostamt Luxemburg-Stadt 7–19 Uhr.
Büros: Mo–Fr 8–12, 13/14–17/18 Uhr.
Restaurants/Bistros haben in der Hauptstadt am Sonntag meist Ruhetag.

Rauchen

Rauchen ist in allen öffentlichen Gebäuden und Verkehrsmitteln, Schulen, Kinos, Theatern, Museen, Bahnhöfen und Restaurants verboten. In Bars und Cafés, in denen Speisen angeboten werden gilt von 12–14 und 19–21 Uhr ein Rauchverbot. Wenn kein Essen serviert wird, trifft das Rauchverbot in dieser Zeit nicht zu.

Reisen mit Handicap

Auskünfte über Einrichtungen für Menschen mit Behinderung: Info-Handicap, Tel. 36 64 661, www.welcome.lu.

Sport und Aktivitäten

Angeln
Forelle und Hecht, Aal und Karpfen tummeln sich in Luxemburgs Gewässern – ein Anglerparadies. Eine Fischereierlaubnis erhält man bei den Distriktkommissariaten Diekirch, Grevenmacher und Luxemburg, den Gemeindeverwaltungen einiger Orte und bei einigen Verkehrsvereinen für wenig Geld. In speziellen Fischweihern, in den Seen von Echternach (s. S. 68) und Weiswampach (s. S. 97), sowie in der Gander im Park von Mondorf-les-Bains (s. S. 98) ist das Angeln gegen Entrich-

Sicherheit und Notfälle

Polizei: Tel. 113
Unfallrettung/Feuerwehr: Tel. 112
Pannenhilfe: Automobilclub ACL, Tel. 260 00
Zentraler Sperrnotruf für verlorene oder gestohlene EC- und Kreditkarten: Tel. +49 116 116, +49 30 40 50 40 50, www.kartensicherheit.de

Diplomatische Vertretungen
Deutsche Botschaft: Tel. +352 45 34 45-1, www.luxemburg.diplo.de
Österreichische Botschaft: Tel. +352 47 11 88
Schweizer Botschaft: Tel. +352 22 74 74-1

Reiseinfos von A bis Z

ten einer Gebühr ohne weitere Formalitäten erlaubt.
Infos: Fédération Luxembourgeoise de Pêcheurs Sportifs, Tel. 36 65 55, www.flps.lu.

Baden
Neben etlichen Schwimmhallen mit Ganzjahresbetrieb laden zahlreiche Freibäder, Flussbäder, kleine Seen und Talsperren zum Baden in der warmen Jahreszeit ein. Eine Liste aller öffentlichen Schwimmbäder findet man auf der Website des Office National du Tourisme ONT (s. S. 20).

Ballooning
Fahrten mit Heißluftballons finden das ganze Jahr über morgens und abends statt, im Herbst und Winter sogar den ganzen Tag. Gebucht werden muss mehrere Tage im Voraus. Ob die Fahrt dann tatsächlich stattfindet, hängt von den aktuellen Wetterbedingungen ab.
Infos: Cercle Luxembourgeois de l'Aérostation, Tel. 621 41 80 00, www.cla.lu. Skylines Balloons, Junglinster, s. S. 61. 50° Nord Ballooning, Fouhren, Tel. 84 90 27, www.ballooning-50-nord.lu. M&M Ballooning, Heffingen, Tel. 87 97 27, www.m-m-ballooning.lu.

Flugsport
Aus der Vogelperspektive lässt sich Luxemburg mit ganz anderen Augen betrachten, z. B. von Bord eines Segel- und Motorsegelfliegers, Ultraleichtmotorflugzeugs oder Drachenfliegers. Ausführliche Informationen erhält man beim ONT und bei der Fédération Aéronautique Luxembourgeoise (Tel. 49 38 52, www.aeroclub.lu).

Segelfliegen ist von April bis Oktober an Wochenenden und Feiertagen auf dem Segelflugfeld ›Op der Hoh‹ bei Useldange, nordwestlich von Luxemburg-Stadt, möglich (Cercle Luxembourgeois de Vol à Voile, Tel. 23 63 81 17).

Motorflüge kann man nach vorheriger Absprache vom Flughafen Luxemburg-Findel aus unternehmen. Aérosport Club d'Aviation, Tel. 43 29 20, www.aerosport.lu.

Fallschirmspringen ist für Besucher in Noertrange bei Wiltz an Wochenenden möglich (Terrain d'Aviation Noertrange, Tel. 95 84 30).

Ultraleichtmotorflugzeuge starten in der Nähe von Larochette ULM: Club Aéroplume Luxembourg, Tel. 87 94 66, www.aeroplume.lu).

Paragliding-Interessierte wenden sich an Vol Libre Luxembourg, Tel. 52 36 06, www.lvl.lu; Cumulux, www.cumulux.lu.

Golf
Sechs Greens stehen Golfspielern im Großherzogtum zur Verfügung. Gäste sind in Clervaux (18 Loch, s. S. 96), Christnach (bei Echternach, 18 Loch), Junglinster (18 Loch, s. S. 61), Gaichel (11 Loch), Senningerberg (bei Luxemburg-Stadt, 18 Loch) und Canach (nahe der Mosel, 18 Loch) herzlich willkommen, allerdings werden gelegentlich nur Spieler mit offiziellem Handicap zugelassen.
Infos: Fédération Luxembourgeoise de Gulf, Tel. 26 78 23 83, www.flgolf.lu oder www.ont.lu.

Klettern
Die schroffen Felswände der Wanterbaach bei Berdorf (Müllerthal) bieten die Möglichkeit zum sportlichen Klettern. Allerdings nur mit Erlaubnis, die man beim Umweltministerium (Tel. 478 68 24, www.emwelt.lu) erhält.
Klettern lernen: In Mondorf-les-Bains (s. S. 98) und in der Jugendherberge Echternach (www.youthhostels.lu) finden Kurse an Kletterwänden statt.

Reiseinfos von A bis Z

Mountainbiking
In der hügeligen Landschaft der Ardennen können Mountainbiker auf 15 Routen verschiedener Schwierigkeitsgrade ihrem Sport nachgehen. Die Streckenlänge reicht von von 10 bis 40 km Länge. Im dem Mountainbike-Führer ›Mountain Bike Tour Luxembourg Ardennes‹ (Editions Guy Binsfeld, Luxembourg), erhältlich im Buch- und Zeitschriftenhandel und bei Verkehrsvereinen, sind alle Routen ausführlich beschrieben. Infos und interaktive Karten auch unter www.tours.lu

Radfahren
Auf rund 600 km, abseits des Straßenverkehrs angelegten, Radwegen und kleinen, verkehrsarmen Landstraßen lässt sich das Großherzogtum vortrefflich ›erfahren‹. Manche Radwanderwege verlaufen auf ehemaligen Bahntrassen.

Ausführliche Rad-Wanderführer (›Velo Tour Luxembourg‹, ›Fahrradrouten‹, Editions Guy Binsfeld, Luxembourg, www.editionsguybinsfeld.lu) mit topografischen Karten und Beschreibungen der Strecken sind im lokalen Buch- und Zeitschriftenhandel erhältlich. In allen größeren Orten werden Fahrräder verliehen. Wer von der Pedale auf die Bahn umsteigen möchte: In Luxemburg kann man das Fahrrad im Zug – solange Platz vorhanden ist – kostenlos mitnehmen. Weitere Infos zum Radfahren in Luxemburg unter www.lvi.lu.

Reiten
Über das ganze Land verteilt findet man rund zwei Dutzend Reitschulen und Reitsportzentren mit Pferdevermietung und regelmäßigen Ausritten.
Infos: Fédération Luxembourgeoise des Sports Equestes, Tel. 48 49 99, www.flse.lu. Auch: www.hippoline.lu.

Tennis und Squash
In fast allen größeren Orten unterhalten Vereine oder die Gemeinden Tennisplätze und -hallen, und auch manches große Hotel verfügt über einen Platz. **Auskunft** bei den örtlichen Fremdenverkehrsbüros oder der Fédération Luxembourgeoise de Tennis, Tel. 57 44 70-1, www.flt.lu.

Möglichkeiten zum Squashspiel gibt es in Luxembourg-Kockelscheuer, Sandweiler, Pétange, Mondorf-les-Bains und Troisvierges (Infos beim ONT, s.S. 20).

Wandern und Nordic Walking
Luxemburg ist ein Wanderparadies: Die wild-romantische Kleine Luxemburger Schweiz, das Mullerthal, die Ardennen mit ihren tief eingekerbten Flussläufen und welligen Hügeln, aber auch das Moseltal und der Süden des Landes laden zu ausgedehnten Touren ein. Eine Vielzahl von ausgeschilderten Wegen erleichtert die Orientierung. Allgemeine Infos unter www.tours.lu und www.wandern-in-luxemburg.de.

Gelb markiert sind die 24 *Sentiers nationaux* – zwischen 13 und 84 km lange **nationale Wanderpfade,** die nach bestimmten Themen oder Landschaften benannt sind. So erschließt z. B. der 41 km lange ›Pfad der sieben Schlösser‹ *(Sentier des Sept Châteaux,* s. S. 60) das herrliche Tal der Eisch zwischen Koerich und Schoenfels. Die Wanderpfade sind keine Rundwege, sondern eignen sich für Etappenwandertouren von mehreren Tagen (Infos: ONT, S. 20)

Durch Luxemburg verlaufen die **Europäischen Fernwanderwege** E2 und E3. Der ›E 2 Niederlande-Mittelmeer‹ führt durch die Täler von Sauer und Mosel bis Rumelange. Der E3 ›Atlantik–Böhmerwald‹ erreicht luxemburgisches Gebiet bei Martelange und wird hier zum Ardennenpfad.

Reiseinfos von A bis Z

Die **Jugendherbergen** des Landes sind durch Wanderpfade miteinander verbunden, die mit einem weißen Dreieck markiert sind. Auch kann man leichten Fußes von **Hotel zu Hotel** wandern (www.ardennes-hotels.lu, Tel. 99 00 20).

Zahlreiche Fremdenverkehrsvereine haben **lokale Wander- und Spazierwege** angelegt und geben hierzu Wanderkarten und Infos heraus. Einige ausführliche Wanderführer findet man im Verlag Guy Binsfeld, Luxemburg-Stadt.

Auch die luxemburgische Eisenbahn zeigt sich aufgeschlossen für's Wandern und gibt einen Wanderführer ›**Bahn und Wandern**‹ mit 40 Wanderungen von Bahnhof zu Bahnhof heraus (Tel. 24 89 24 89, www.cfl.lu).

Lehr-, Kultur- und Entdeckungspfade: Wandern und dabei Natur und Kultur entdecken – die Stiftung Hëllef fir d'Natur hat in Naturschutzgebieten eine Reihe von Lehrpfaden angelegt, auf denen Besuchern die Schönheit der Landschaft gezeigt und die spezifische Fauna und Flora des Gebiets vorgestellt und erklärt werden. Beispielsweise lernt man auf dem 2 km langen ›Jongeböschpfad‹ bei Boevange und dem 6 km langen Themenpfad bei Kautenbach, wie das Leben der Pflanzen und Tiere ineinandergreift, und auf dem 4 km langen ›Aarnescht-Pfad‹ bei Niederanven stößt man auf zahlreiche Orchideenarten. In Bech-Kleinmacher, Canach und Grevenmacher wiederum bieten **Weinbau- und Kulturstrecken** von 2 bis 10 km Länge Einblicke in den Weinbau und die Ökologie der Weinberge (s. S. 101).

Herrliche Aussichten bieten sich **Wanderern** auf dem 42 km langen Rundweg um den Obersauer-Stausee, malerische Dörfer laden unterwegs zur Rast ein. **Nordic-Walking**-Liebhaber finden in eigens angelegten Parks Routen aller Schwierigkeitsgrade in den verschiedenen Regionen Luxemburgs.

Wassersport

Luxemburg bietet Wassersportlern auf seinen Flüssen und Seen viele Möglichkeiten. Auf dem Echternacher See (s. S. 68), dem Obersauer-Stausee (außerhalb der Wasserschutzzone), den Seen bei Remerschen (s. S. 104), den Weiswampacher Seen (s. S. 97) und dem Rosporter Stausee kann man schwimmen, segeln, paddeln, surfen, Tretboot fahren, tauchen und angeln. Paddler, Kanuten, Kajak- und Motorbootfahrer sowie Segler und Wasserskifahrer finden spannende Reviere auf den zahlreichen Flüssen und Wasserläufen.

Infos: ONT, s. S. 20.
Fédération Luxembourgeoise de Canoë-Kayak, Tel. 75 03 79, www.flck.lu.
Fédération Luxembourgeoise de Voile (Segeln & Surfen), Tel. 47 96 28 30, www.flv.lu.
Fédération Luxembourgeoise des Activités et Sports Sub-Aquatiques (Tauchen), Tel. 48 96 64, www.flassa.lu.
Union Luxembourgeoise de Ski Nautique (Wasserski, Wakeboarding), Tel. 48 56 42, www.waterski.lu.

Wellness

Das luxemburgische Zentrum für Entspannungssuchende und Fitnessbewusste befindet sich im Kurort Mondorf-les-Bains mit seinen 24 °C warmen, schwefelhaltigen Quellen (s. S. 98). Im Thermalzentrum Domaine Thermal de Mondorf mit Kur- und Wellnesscenter, einem Sport- und Freizeitclub, einem Viersternehotel und dem Fitnesscenter Mondorf Le Club kann der Gast in Fitness- und Indoor-Cycling-Räumen, an der Kletterwand, auf Squashplätzen oder beim Beachvolleyball an seiner Kondition basteln. Oder sich in Sauna, türkisch-osmanischem Hamam, römischem Kaldarium, Tiroler Schwitzstüberl oder japanischem Bijin yu einer Schwitzkur hingeben. Es fehlt auch nicht an Fußbä-

Reiseinfos von A bis Z

dern, Solarien, Whirlpools, Sonnenbänken, dem Tepidarium, Entspannungsräumen und dem Badesee. Und für die gepflegte Erscheinung des Äußeren bietet Mondorf Bien-Être zahlreiche individuelle Beauty-Behandlungen an – à la carte oder zu Pauschalpreisen.

Wintersport
In Asselborn, Hosingen und Weiswampach, im höher gelegenen Ösling, werden bei genügend Schnee im Winter Loipen gespurt. Wenn es so weit ist, wird es bei www.agendalux.lu bekannt gegeben. Man kann die Langlaufbedingungen auch unter dem Schneetelefon 42 82 82-20 erfragen.

Telefon und Internet

Für Telefonzellen braucht man in den meisten Fällen eine Telefonkarte (Telecard), zu kaufen bei der Post und in Kiosken. Günstig telefoniert man auch mit Prepaid-Calling-Cards. Außer in einigen Tälern hat man überall Mobilfunkempfang. Luxemburg-Stadt und Esch-sur-Alzette bieten Wireless-Internetzugang über Laptop und Mobiltelefon (www.hotcity.lu).

Mal ist sie in einem Tourist-Office, mal auf einem Campingplatz oder bei der Gemeindeverwaltung zu finden: die *Internetstuff* (Internetstube). Dort kann man zu bestimmten Zeiten, ähnlich wie in Internetcafés, gegen Entrichtung einer Gebühr ins Internet gehen. Eine Liste findet sich unter www.eluxembourg.lu.

Viele Hotels und Jugendherbergen bieten ihren Gästen in der Regel kostenpflichtige Internetanschlüsse (WLAN/stationäre Computer) an.
Internetcafés in der Hauptstadt: Cyber-Beach (www.cyber.lu): 34, place Guillaume II; 3, rue du Curé; 8, rue de Bonnevoie.

Telefonauskunft
National: Tel. 118 17
International: Tel. 118 16
Im Internet: www.infobel.com/luxembourg

Landesvorwahlen
Luxemburg: 00352
Deutschland: 0049
Schweiz: 0041
Österreich: 0043

Verkehrsmittel

… mit Bahn und Bus
Praktisch alle Orte Luxemburgs sind mit Bahn oder Bus zu erreichen. Kursbücher (Zug, Bus) erhält man in den Bahnhöfen und in manchen Zeitschriftenläden.
Auskunft Bahn: Tel. 24 89 24 89, www.cfl.lu.
Auskunft Bus und Bahn: 24 65 24 65, www.mobiliteit.lu.
Fahrpläne Bus- und Bahn: www.horaires.lu.

Fahrscheine sind gültig für Bahn und Bus: *Kuurzzäitbilljee* (1,50 €, gültig 2 Stunden, 10er-Block: 12 €), *Dagesbilljee* (4 €, gültig von der Entwertung bis zum folgenden Tag 8 Uhr früh. 5er-Block: 16 €). *Weekend*-Fahrkarte (6 €, Sa, So, Fei ab Entwertung bis nächsten Tag 3 Uhr früh, auf einer Karte können maximal 5 Personen fahren). Beförderung von Fahrrädern im Zug (bei ausreichendem Platz): kostenlos.

Mit dem touristischen Pass LuxembourgCard (s. S. 21) ist der öffentliche Transport gratis.

… mit dem Auto
Außer im Norden ist die Hauptstadt von einer Autobahn umgeben, mit Abzweigungen nach Osten, Süden und Westen. Bis in den nördlichsten Zipfel des Landes führt die Nationalstraße 7 (N7), auf

Reiseinfos von A bis Z

der streckenweise das auf Landstraßen bestehende Tempolimit von 90 km/h auf 110 km/h erhöht wurde. Parallel zur N7, teilweise auch mit identischer Streckenführung und in einigen Abschnitten fertiggestellt, führt eine neue Autobahn von Luxemburg-Stadt bis in den Norden des Landes.

Fahrzeugpapiere: Der nationale Führerschein und der Kraftfahrzeugschein sind mitzuführen, es wird geraten, auch die Internationale grüne Versicherungskarte mitzunehmen.

Höchstgeschwindigkeiten: Innerorts 50 km/h, außerorts 90 km/h (mit Anhänger: 75 km/h), auf Autobahnen 130 km/h (mit Anhänger: 90 km/h), bei Nässe muss die Geschwindigkeit auf Autobahnen um 20 km/h verringert werden. Autofahrer, die ihren Führerschein noch nicht ein ganzes Jahr besitzen, dürfen außerorts höchstens 75 km/h und auf Autobahnen höchstens 90 km/h fahren. Für Gespanne gelten abweichende Regeln.

Außerdem zu beachten: An Bordsteinen mit gelber Linie besteht Parkverbot. Es herrscht Anschnallpflicht auf allen Sitzen. Die Alkoholgrenze beträgt 0,5 Promille, bei Fahranfängern liegt sie bei 0,2 Promille. Beim Verlassen des Fahrzeugs im Falle einer Panne oder eines Unfalls außerhalb geschlossener Ortschaften muss eine Warnweste getragen werden.

… mit dem Mietwagen

Filialen sämtlicher großen Autovermieter befinden sich in der Hauptstadt und am Airport Luxemburg-Findel. In zahlreichen kleineren Städten kann man in den ›Garagen‹ Autos mieten. Adressen und Telefonnummern erhält man beim ONT (s. S. 20).

Der Umwelt zuliebe – nachhaltig reisen

Die Umwelt schützen, die lokale Wirtschaft fördern, intensive Begegnungen ermöglichen, voneinander lernen – nachhaltiger Tourismus übernimmt Verantwortung für Umwelt und Gesellschaft. Die folgenden Websites geben einige Tipps, wie man seine Reise nachhaltig gestalten kann, und bieten Hinweise auf entsprechende Reiseangebote in Luxemburg.

www.ecolabel.lu: Hier finden Sie umwelt- und klimafreundliche Unterkünfte vom Campingplatz bis zu Fünfsternehotels, die mit dem Umweltzeichen EcoLabel ausgezeichnet sind: 15 Hotels, 9 Campinganlagen, 4 Ferienwohnungen und 5 Gruppenunterkünfte, darunter 3 Jugendherbergen.

www.naturpark-sure.lu: Solarboot statt Diesel, Urlaub auf dem Biobauernhof, Baden im See, kulinarische Genüsse mit regionalen Naturparkprodukten – sanfter Tourismus im Naturpark Obersauer.

www.forumandersreisen.de: Die 150 Reiseveranstalter des Forum Anders Reisen bieten ungewöhnliche Reisen weltweit, Nachhaltigkeit wird durch einen gemeinsamen Kriterienkatalog gewährleistet.

www.vertraeglich-reisen.de: Hier findet man viele Tipps für klimaschonendes Reisen mit hohem Erlebniswert.

www.zukunft-reisen.de: Das Portal des Vereins Ökologischer Tourismus in Europa erklärt, wie man ohne Verzicht umweltverträglich und sozial verantwortlich reisen kann.

Unterwegs in Luxemburg

»Ein reizendes Land, das Offenbach hätte in Musik setzen können. Wälder, wie sie in Märchen vorkommen, Weingärten, die sich zu silbernen Wasserläufen herabsenken, reife Kornfelder, leuchtend in der Abendsonne ...«, schrieb der italienische Diplomat Daniel Varé 1927, und hätte eigentlich noch die vielen Burgen erwähnen müssen, geht das Land doch aus einer Burg hervor.

Luxembourg-Ville (Lëtzebuerg-Stad)

Luxemburg-Stadt
▶ D/E 9 und Karte 2

›D'Stad‹, wie Luxemburger ihre Hauptstadt (92 000 Einw.) nennen, ist das kulturelle und wirtschaftliche Herz des Landes. Tiefe Schluchten, von den Flüsschen Alzette und Pétrusse in das Felsenplateau gekerbt, durchziehen die Stadt und bieten Besuchern faszinierende Panoramaansichten. Verwinkelte Altstadtgassen und moderne Einkaufsstraßen im Schatten gläserner Bankpaläste laden ein zu Bummel und Shopping, beschauliche Plätze, Cafés und Bistros zum Verweilen. 1000 Jahre Stadtgeschichte und 50 Jahre Europa haben der Stadt ihre Stempel aufgedrückt. Und so liegen wuchtige Festungsreste des einstigen ›Gibraltar des Nordens‹ (direkt 1! ▶ S. 32) und futuristische Neubauten so dicht beieinander wie Fast-Food und Grande Cuisine, Hektik und Beschaulichkeit – europäisches Flair und eine Prise Provinz.

Place de la Constitution 1
Kasematten: Tel. 22 28 09, Ostern, Pfingsten, Sommerferien: Führungen tgl. 11–16 Uhr, Eintritt 3 €, ermäßigt 2,50 €
Weithin sichtbar ragt auf dem Platz das Monument du Souvenir empor, mit der ›Gëlle Fra‹, der Figur einer vergoldeten Siegesgöttin, auf der Spitze. Es erinnert an die Opfer der beiden Weltkriege. Der Platz bietet schöne Aussichten in das grüne Pétrusse-Tal mit dem ›Pastetchen‹ genannten Teil der alten Wehranlagen, dem schlossartigen Bau der Staatssparkasse auf der anderen Talseite und auf die markanten Brücken **Viaduc Passerelle** und **Pont Adolphe.** Im Fels unter dem Platz liegen die **Pétrusse-Kasematten**, ein Labyrinth unterirdischer Gänge, das einst der Verteidigung diente.

Place d'Armes 2
Am früheren Paradeplatz, dem ›Plëssdarem‹, pulsiert das urbane Leben. Cafés und Restaurants mit Terrassen unter grünen Linden verlocken zu einem Päuschen. Vor dem **Cercle Municipal (Stadtpalais)** finden sich häufig Straßenkünstler ein und im Musikpavillon, auf der anderen Seite des Platzes, ertönt sommertags Jazz-, Kammer- oder Blasmusik. Dahinter beäugt der luxemburgische Wappen-Löwe vom Denkmal für die Volksdichter Michel Lentz und Edmond de la Fontaine das gesellige Treiben.

Cathédrale Notre-Dame 3
Rue Notre-Dame, www.cathedrale.lu, Mo–Sa 10–12, 14–17.30, So 14–17.30 Uhr, außer während der Messen
Mit ihren drei spitzen Türmen prägt die Kathedrale die Silhouette der Stadt. Ihr Ursprung liegt in einer Jesuitenkirche aus dem 17. Jh. Das lichte Kircheninnere ist, abgesehen von der Empore mit ihrem überreichen Renaissancedekor, weitgehend spätgotisch. Im Chor steht der Hauptaltar mit dem Gnadenbild der Trösterin der Betrübten, der Stadt- und Landespatronin. Zur jährlichen ▷ S. 36

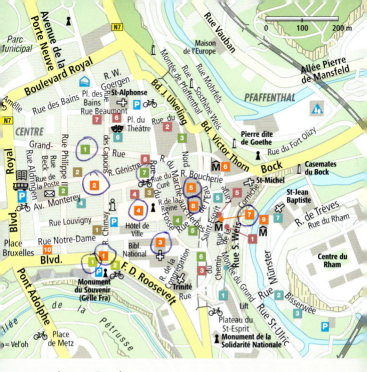

Luxemburg-Stadt

Sehenswert
1. Place de la Constitution
2. Place d'Armes
3. Cathédrale Notre-Dame
4. Place Guillaume II
5. Palais Grand-Ducal
6. Musée Nationale d'Histoire et d'Art
7. Musée d'Histoire de de la Ville de Luxembourg
8. Altstadt
9. Musée National d'Histoire Naturelle
10. Casino Luxembourg – Forum d'Art contemporain

Übernachten
1. Simoncini
2. Hotel Français
3. Hotel Vauban

Essen und Trinken
1. Den neie Breedewee
2. Chiggeri
3. Mesa Verde
4. Brasserie Guillaume
5. Café Am Musée
6. Art Café
7. Namur
8. Oberweis

Einkaufen
1. Grand-Rue
2. Rue Philippe II
3. Rue du Nord
4. Librairie Ernster
5. Fellner Art Books
6. Museal
7. Porzellan

Ausgehen
1. Café des Artistes
2. Scott's Pub
3. Oscar Wilde's
4. Banana's Bar
5. Bistrot d'Art et Scène
6. Théâtre des Capucins
7. Centre Culturel de Rencontre Abbaye de Neumünster

Sport und Aktivitäten
1. Pétrusse-Express
2. Hop on – Hop off

1 | 1000 Jahre in 100 Minuten – auf dem Wenzel-Rundweg

Karte 2: ▶ Ca 3/4 | **Bus:** Linie 9

Mächtige Wehrmauern, Kasematten, Zitadellen – die Luxembourg galt einst als die stärkste Bastion Europas. Den Nukleus dieses ›Gibraltar des Nordens‹ und damit der Stadt legte ein gewisser Graf Siegfried vor über 1000 Jahren mit einer kleinen Burg auf einem winzigen Felssporn hoch über der Alzette.

Wenn Sie in die wechselvolle Historie Luxemburgs eintauchen möchten, begeben Sie sich am besten zum Bockfelsen 1, dorthin, wo die ›Stad‹ am ältesten ist. Hier steht die Wiege Luxemburgs und beginnt der Wenzel-Rundweg, ein knapp 3 km langer kulturhistorischer Fußweg, auf dem sich 1000 Jahre Geschichte der Stadt in 100 Minuten erschließen lassen.

Auf der Suche nach einem geeigneten Flecken für eine sichere Residenz war der Ardennergraf Siegfried Mitte des 10 Jh. auf den Bockfelsen gestoßen. Doch das Grundstück war nicht in seinem Besitz – was ihn nach neuesten Forschungen wohl nicht davon abgehalten hatte, dennoch ein Kastell zu errichten. Die Besitzverhältnisse änderte er, indem er an Palmsonntag 963 mit der Abtei St. Maximin bei Trier einen Immobilienhandel einging. In der Tauschurkunde, die im Museum für Geschichte der Stadt Luxemburg (s. S. 37) ausgestellt ist, ist der Tausch von eineinhalb Mansen des gräflichen Besitztums in Feulen einschließlich der Hörigen und Zensualen »gegen das *Lucilinburhuc* genannte Kastell … mit den Gefällen und Einkünften und allen Ländereien am Flussbett der Alzette bis zu den alten Baumstümpfen, die vor der Mauer jenes Kastells stehen …« mit den Signien von 26 Zeugen, einschließlich des klösterlichen Kellermeisters, bezeugt.

Von des Grafen auf dem Bockfels errichteten Lützelburg (Luxembourg), ei-

1 | Auf dem Wenzel-Rundweg

ner mit einem quadratischen Turm, einer Kapelle und Stallungen bestückten Wohnburg, ist nichts mehr übrig, doch kennzeichnet eine kleine, offene Halle mit mehrsprachigen Schrifttafeln ihren Standort.

Unterirdisches Labyrinth

Durch einen abwärts führenden Gang gelangt man in die 1644 von den Spaniern zur Verteidigung angelegten **Bock-Kasematten,** in ein verwirrendes Labyrinth aus in den Fels gehauenen Gängen und Galerien. Der Eingang befindet sich unterhalb der 1735 erbauten **Schlossbrücke** 2, einem Ersatz für die hölzerne Zugbrücke, die einst zur Lützelburg führte.

Nachdem die Herrschaft über das Herzogtum Luxemburg 1714 an Österreich gefallen war, sprengten die besten Tiroler Bergspezialisten weitere Gänge, Räume und Treppen in den felsigen Untergrund. In den bombensicheren Gewölbehohlbauten konnten sich Tausende Soldaten samt ihrer Kanonen und Pferde verschanzen. Hier wurden Unmengen an Kriegszeug gehortet, und für den Fall längeren Ausharrenmüssens war man bestens gerüstet durch die Einrichtung von Proviantlagern, Küchen, Bäckereien und Schlachtereien. Wasser lieferte der 47 m tiefe Burgbrunnen.

Allerdings nutzte das alles den vom greisen Feldmarschall von Bender befehligten österreichischen Truppen nur wenig, als die Stadt 1794/95 von 25 000 französischen Soldaten eingekesselt wurde. Nachdem nach etlichen Monaten der Belagerung auch das letzte Pferd verzehrt war, hissten die ausgemergelten Krieger die weiße Fahne und Feldmarschall von Bender kapitulierte. Die entwaffneten Truppen, 12 396 halb verhungerte Soldaten, räumten die Festung und ließen Kriegsrat in solch ungeheuren Mengen zurück, dass es die Franzosen in ehrfürchtiges Staunen versetzte: 16 000 Gewehre, 819 Kanonen, 336 800 Kugeln, 47 800 Bomben, 114 700 Granaten, 147 670 Pfund Schießpulver, 202 490 Pfund Bronze und 40 800 Pfund Blei.

Ehe man die eigentlichen Kasematten betritt, gelangt man in eine archäologische Krypta, wo die Ursprünge der Stadt Luxemburg veranschaulicht werden.

Der ›schönste Balkon Europas‹

Über die Schlossbrücke kommt man zur derart klangvoll betitelten **Corniche** 3, die an der St.-Michaels-Kirche beginnt. Dieser im 17. Jh. angelegte Wehrgang bietet eine herrliche Sicht auf das Tal der Alzette mit der Unterstadt Grund (s. S. 37) – in die es gleich hinabgeht –, auf die Abtei Neumünster, die Wenzelsmauer und auf das gegenüberliegende Rham-Plateau.

Dort, wo die Corniche über die Rue Large führt, verlässt der gekennzeichnete Wenzel-Rundweg die Corniche und führt durch das Grundtor unter ihr hindurch in einer Linkswende talwärts zum ›Stierchen‹ 4, einer malerischen Brücke über die Alzette. Sie stammt aus dem 15. Jh. und war von zwei Schalentürmen flankiert, von denen einer restauriert wurde.

Rechts liegt der **Tutesall** 5 (Tütensaal), in dem einst Häftlinge Tüten klebten. Er gehört zur ehemaligen **Abtei Neumünster,** die von 1869 bis 1984 als Männergefängnis diente und jetzt das lebhafte **Kulturzentrum Abbaye de Neumünster** beherbergt. Ihre alte **Abteikirche St. Johann** 6 birgt ein sakrales Kleinod: die Schwarze Madonna. Sie stand früher in der Pestkapelle der Franziskanerkirche, ihre dunkle Hautfarbe geht zurück auf die Zeit, als

Luxembourg-Ville

man sie gegen den ›Schwarzen Tod‹ angerufen hatte.

Heute ohne Wegegeld

Jenseits der Alzette geht es auf der von Wenzel II. angelegten Wehrmauer weiter. Diese hatte 15 Tore und 37 Türme, von denen nur zwei die Schleifung der Festung im Jahre 1867 überstanden haben.

Wo einst das Zweite Trierer Tor Zugang zur Stadt gewährte, überquert jetzt eine Eisenbrücke die Rue de Trèves. Der nächste größere Turm ist der **Jakobsturm** 7. Im Mittelalter war von jedem Versuch, unbefugt des Nachts durch dieses Tor zu gelangen, dringend abzuraten, war es doch gleich vierfach gesichert: durch drei Tore, die ein eisernes, in einer Fuge der Tormauer gleitendes Fallgitter umgaben. Bei Tag hatte man am ›Porthus‹, einem Häuschen vor dem Tor, sein Wegegeld zu entrichten. Heute wird den interessierten Besuchern in dem Turm ein audiovisuelles Programm über die mittelalterlichen Stadtmauern gezeigt.

Auf dem **Rham-Plateau** 8 hatte der Festungsbauer König Ludwigs XIV., Vauban, Kasernen erbaut. Bis zu 1760 Soldaten waren dort stationiert. Die Anzahl von nur etwa 800 Betten machte ein ausgetüfteltes Rotationsverfahren notwendig: Drei Mann, von denen sich einer im Bett, einer im Dienst und der Dritte in der Bereitschaft aufhalten musste, teilten sich ein Bett. Heute werden die Häuser als Altenpflegestätte genutzt.

Vom Rham-Plateau mit seiner schönen Aussicht auf das Bollwerk der **Heilig-Geist-Zitadelle** 9, deren Ursprünge bis ins 13. Jh. zurückreichen und zum Sitz der luxemburgischen Justizbehörden ausgebaut werden, geht es über eine gewundene Treppe in das Tal der Alzette. Auf dem ›**Maierschen**‹ 10 genannten Wehrgang überquert man die Alzette und sieht nahe dem Zusammenfluss von Pétrusse und Alzette Res-

Im Innenhof der alten Abtei Neumünster

1 | Auf dem Wenzel-Rundweg

te der 1731 von einfallsreichen österreichischen Militärs erbauten **Grund-Schleuse** 11. Mithilfe der Schleuse konnten die Täler von Pétrusse und Alzette über mehrere Kilometer unter Wasser gesetzt und vorrückenden Feinden auf diese Weise eine feuchte Überraschung bereitet werden.

Weiter geht es durch die Rue St. Ulric. Vorbei an malerischen Häusern am Ufer der Alzette geht man an der Brücke nach links über die Straße zum **Aufzug** 12 auf das Heilig-Geist-Plateau, auf dem Vauban nach der Einnahme der Stadt durch die Franzosen im Jahre 1684 eine gewaltige Zitadelle errichtet hatte.

Nach Verlassen des Lifts gelangen Sie auf die **Place du Saint-Esprit**, auf der sich ein moderner Brunnen mit einer Bronzeskulptur von Cocchia und Klein befindet. Sie stellt den im Zeitraffer festgehaltenen Flug einer Taube dar. Vom Platz erreicht man die Wallpromenade, von der sich noch einmal ein sehr schöner **Rundblick** über das Tal der Pétrusse bietet. Nahe des diesseitigen Brückenkopfes des Viaduc Passerelle, auf dem Kanonenhügel, stoßen wir auf das **Monument de la Solidarité Nationale** 13. Vor dem in modernem Stil errichteten Monument brennt die ewige Flamme zum Gedenken an die Toten des Zweiten Weltkriegs sowie den solidarischen Kampf und die Leiden des luxemburgischen Volkes während der NS-Zeit. In seinem Innenbereich stilisieren kalte Steinpflaster und kahle Wände die Stätten, in denen unzählige Luxemburger leiden und sterben mussten: Konzentrationslager und Gefängnisse. In der Kapelle steht ein einfacher, unbehauener Stein als symbolischer Grabstein für die Toten.

Tourinfos
Länge und Dauer: Ca. 3 km, rund 100 Minuten.
Bock-Kasematten: Montée de Clausen, Tel. 22 28 09, März–Okt. tgl. 10–17 Uhr, Eintritt 3 €, ermäßigt 2,50 €.
Kulturzentrum Abbaye de Neumünster: 28, rue Münster, Tel. 26 20 52-1, www.ccrn.lu, Führungen durch die Anlage inkl. Eintritt zu den Ausstellungen 3 € (erst ab Gruppen von 10 Pers.!). Außerdem gibt es hier Ausstellungen, Konzerte und es finden Seminare statt. Mit einer Boutique.

Päuschen in der Abtei
Brasserie Le Neumünster 1: 28, rue Münster, Tel. 26 20 52 981, www.abbaye.lu, tgl. 8.30–22.30 Uhr, Menü der Woche 13–18 €, à la carte 9–25 €. In der altehrwürdigen Abtei Neumünster gelegen: Auf einer schönen Terrasse schmecken französische Gerichte und leckere Fondues.

Luxembourg-Ville

Wallfahrtszeit ›Octave‹ (s. S. 18) pilgern Scharen von Gläubigen zum Gnadenbild, das dann in besonders festliche Gewänder gehüllt ist, z. B. in grüne Samtkleider, ein Geschenk Kaiserin Maria Theresias. Die kunstvoll mit farbigem Glas gestalteten Fenster der Fürstenloge zeigen u. a. den Stadtgründer Graf Siegfried und König Johann den Blinden, dessen imposantes Grabmal im Vorraum zur Krypta steht. In ihr befindet sich, bewacht von majestätischen Bronzelöwen, die Gruft der großherzoglichen Familie.

Place Guillaume II

Offiziell trägt der Platz den Namen König Wilhelms II., einst Großherzog von Luxemburg und hier hoch zu Ross präsent, doch im Volksmund heißt er immer noch ›Knuedler‹, nach dem Knotengürtel der Franziskaner, die hier im 13. Jh. ein Kloster errichtet hatten. Das neoklassizistische Rathaus, dessen Freitreppe mächtige Löwen flankieren, wurde mit Steinen des abgerissenen Klosters erbaut. Daneben hockt ein Füchslein auf einem Denkmal, das Michel Rodange ehrt. Der luxemburgische Dichter hat sich im 19. Jh., inspiriert von Goethes »Reinecke Fuchs«, mit seinem zeitkritischen Epos »Rénert« einen Namen gemacht. Lebhaft wird's, wenn samstags und mittwochs Blumen- und Gemüsemarkt abgehalten wird, und wenn sich die Pilger während der ›Octave‹ an den Buden und Ständen des ›Määrtchen‹ mit Speisen und Souvenirs versorgen.

Palais Grand-Ducal

17, rue du Marché-aux-Herbes, Führungen Mitte Juli–Aug. Do–Di Eintritt 7 €, ermäßigt 3,50 €, Tickets und Infos: City Tourist Office (s. S. 49)

Arabeske Bandornamente und spanisch-maurische Stilelemente verzieren die Fassade des Großherzoglichen Palais, vor dem eine Palastwache auf und ab paradiert. Wenn der Fürst anwesend ist, wird die Nationalflagge gehisst. Die Waffenkammer und einige der mit wertvollen Möbeln, Teppichen,

Die Place Guillaume II heißt im Volksmund auch einfach der ›Knuedler‹

Luxemburg-Stadt

Gobelins und Gemälden ausgestatteten Säle und Salons können besichtigt werden. Rechts schließt sich die **Stadtwaage** an, in der einst auf einer großen Waage in die Stadt fahrende Fuhrwerke gewogen wurden, um Zölle zu ermitteln. Ganz außen befindet sich das neugotische **Parlamentsgebäude**.

Musée National d'Histoire et d'Art 6 , direkt 21 S. 38

Musée d'Histoire de la Ville de Luxembourg 7

14, rue du St-Esprit, Tel. 47 96 45 00, www.mhvl.lu, Di–So 10–18, Do bis 20 Uhr, Mo geschl., außer an Fei, Eintritt 5 €, ermäßigt 3 €

Vier restaurierte Bürger- und Adelshäuser mit einer riesigen Glasscheibe davor – ein Fenster zu 1000 Jahren Stadtgeschichte. Die erfrischende Symbiose alter und moderner Architektur setzt sich innen fort. Die Zeitreise beginnt im Felsenkeller mit der Geschichte von Graf Siegfried, der die Lützelburg erbaut und damit die Entstehung der Stadt initiiert hat. Von dort geht es, geleitet vom interaktiven, multimedialen Führungssystem und vom gläsernen Panoramaaufzug (mit Blick nach draußen auf die Festung) von Etage zu Etage geliftet, aufwärts durch die Historie der Stadt. Übersichtliche Modelle verdeutlichen die Erweiterung der kleinen Burg zur mächtigen Festungsstadt und deren Entwicklung nach der Schleifung der Bastion. Ergänzende Sammlungen beleuchten, wie es damals war mit den fremden Herrschern und wie sich Stadt und Gesellschaft – endlich frei – gewandelt haben.

Altstadt 8

Die Altstadt mit ihren verwinkelten Gassen gehört zum UNESCO-Weltkulturerbe. Man betritt sie am besten von der Rue de l'Eau aus. In der **Rue de la Loge,** wo die Freimaurer ihren Sitz hatten, zieht ein Erkertürmchen mit dem patriotischen ›Mir wölle bleiwe wat mir sin‹ den Blick auf sich. Die malerische Häuserzeile setzt sich fort zum einst ›**Uennert de Steiler**‹ genannten, prachtvollen Haus aus dem 16./17. Jh., dessen Freibalkon von Arkadenbögen getragen wird. In einer Nische in der schön mit Ornamenten verzierten Fassade befindet sich eine Statue der ›Anna Selbdritt‹.

Gegenüber führt der **Breedewée** (Breitenweg) durch die **Hellepuert** (Höllentor) steil hinab in die Unterstadt **Grund.** Die enge Gasse war Teil eines römischen Handelsweges, der über das Plateau vor dem Bockfels verlief. Dort gab es vermutlich eine römische Straßenstation, im 4. Jh. zu einem militärischen Posten ausgebaut. Auf dem **Bockfels,** gleich dahinter, erbaute Graf Siegfried 963 seine Lützelburg und auf dem Burgvorplatz eine kleine Kirche. Der Platz wurde zum Marktplatz, dem **Marché aux Poissons** (Fischmarkt), der bald von einigen Häusern und einem Erdwall umgeben war, der sich in einem Bogen von den ›Drei Türmen‹ bis zur Hellepuert zog.

Auf den Grundmauern der Siegfriedschen Kirche steht die mehrmals zerstörte und wieder aufgebaute **St.-Michaels-Kirche,** das älteste Gotteshaus der Stadt. Ein Lilienwappen am Renaissanceportal erinnert an Ludwig XIV., der 1687 für die Instandsetzung der Kirche etliche tausend Taler spendierte. Was nur recht und billig war, denn zuvor war die Kirche durch seine Kanonen beschädigt und die Stadt in Schutt und Asche gelegt worden. 1795 zerschlugen französische Revolutionshorden die kostbare Kircheneinrichtung, verschonten jedoch die Statue St. Michaels neben dem Portal, wohl weil sie dessen Kopfbedeckung für die Jakobinermütze, Symbol der Französischen Revolution, hielten.   S. 41

2 | Packende Zeitreise – Musée National d'Histoire et d'Art

Cityplan: S. 31 | **Bus:** Linie 20, Place de la Constitution

Eine packende Zeitreise, die tief im Keller in den in Fels gesprengten Räumen mit der Prähistorie beginnt und bei Kunst aus jüngster Zeit endet. Hinzu kommt Volkskunst und Kunsthandwerk in alten Bürgerhäusern, in denen Sie auch in die gute ›Stuff‹ und die rustikale Küche eintreten können – ›Schöner Wohnen‹ im 19. Jh.

Will man alles sehen, muss man sich tief in den Keller begeben, denn die Ausstellung erstreckt sich über zehn Stockwerke und die Hälfte davon liegt im Untergrund. Im gläsernen Lift rauscht man abwärts in die Tiefe der Zeit, in der sich der Mensch gerade vom Affen abnabelt und erstmals ohne Krücken aufrecht geht. Man ist umgeben von Knochen des Mammuts und Urochsen, von steinernen Pfeilspitzen, Faustkeilen und derlei, alles Buchstaben aus dem großen Archiv ›Boden‹. Archäologen setzen diese zu Wörtern und Texten zusammen, in denen unsere Entwicklung vom Aasfresser über Jäger-Sammler zum Ackersmann aufgeschrieben ist. Deren Behausungen, nämlich Höhle, Zelt und Hütte, sind hier lebensgroß dargestellt. Der älteste Luxemburger, genauer, dessen Skelett, ist auch dabei, eins sechzig groß und um die 9000 Jahre alt.

Wer sind wir? Woher kommen wir? Wo gehen wir hin?

Rundum von Glaswänden umgeben, die den Blick auf den Fels freigeben, wird man als nächstes in die Bronze- und Eisenzeit gelifted. Im mittleren Osten hat man Metall ja schon vor 6000

2 | Musée National d'Histoire et d'Art

Jahren verwendet, in Westeuropa erst ab ca. 1800 v. Chr. Doch dann ging es damit wirtschaftlich rasant bergauf: Waffen und Werkzeuge, aber auch Schmuck wurden zuhauf produziert. Etliche der Exponate stammen vom Ende der keltischen Zeit, das meiste aus Gräbern, aus Clemency, aus den aristokratischen Gräbern bei Nospelt und aus dem Oppidum auf dem Titelberg. Die eingefallenen Römer brachten schließlich nochmals einen erdrutschartigen Aufschwung herbei.

Bei den Römern

Der gallorömischen Zeit räumt man hier einen besonderen Stellenwert ein, die Sammlung nimmt die drei **Etagen -3 bis -1 ein.** Der römische Vicus, das tägliche Leben in den Villen, Religion und Bestattungsriten, das sind die Hauptthemen. Unzählige Funde von steinernen Reliefs, Statuen aus Bronze und Terrakotta, Gläser und Keramik, Schmuck, Gegenstände des täglichen Bedarfs, Skulpturen von Gottheiten und Grabmonumente legen Zeugnis ab vom gallorömischen Alltag in dieser Gegend.

Absolutes Highlight ist ein römisches Fußbodenmosaik **(Etage -3)**, 1994 von einem Bauern bei Vichten entdeckt. Sein Fund brachte ihm übrigens nach einiger Rangelei ein stattliches Sümmchen von umgerechnet ca. 740 000 € ein. In seiner Größe, Erhaltung und kunstvollen Gestaltung zählt es zu den großartigsten Kunstwerken dieser Art nördlich der Alpen. Das rund 1700 Jahre alte, aus Millionen farbigen Steinchen geschaffene Mosaik bedeckt eine Fläche von über 61 m² und zeigt den Dichter Homer mit den neun griechischen Musen. Sie können Details dieses Kunstwerks zunächst aus unmittelbarer Nähe betrachten und es dann in der Gesamtansicht von einer Galerie aus, die man eigens erhöht angelegt hat, in Augenschein nehmen.

Übrigens: Wer die Sammlung zur Historie und Kultur Luxemburgs umfangreich nennt, übertreibt nicht. Man sollte daher schon viel Zeit mitbringen, will man in den vollen Genuss dieser Ausstellung kommen. Alle Texte zu den Exponaten sind nur in französischer Sprache verfasst, doch können Besucher einen Audioguide ausleihen. Zudem liegen in jeder Etage Textkladden mit sehr ausführlichen Beschreibungen in Deutsch bzw. Englisch aus, die man während des Rundgangs mitnehmen kann und vor Verlassen der Etage wieder zurücklegen muss.

Aufwärts ins Mittelalter

Ebenfalls noch in der **Etage -1** nun der Übergang in das Mittelalter, das dann in der nächsten **Etage +1** ausgebreitet wird. Mit Schmuck, Waffen, Gläsern und mehr aus der Zeit der Merowinger. Ein ganzer Saal ist zudem der Gründung der ersten **Echternacher Abtei** gewidmet. Hier stößt man gleich am Anfang auf zwei große, aufrecht stehende schalenförmige Teile des Ambo (Lesebühne) der karolingischen Abteikirche von Echternach (8.–9. Jh.), kunstvoll verziert mit Flechtbandmustern.

In **Etage +1** folgt die Geschichte Luxemburgs, der Grafen aus dem Hause Luxemburg und der Aufbau der mittelalterlichen Gesellschaft, Religion (Statuen, Flachreliefs und religiöse Gegenstände) und das Alltagsleben. Imposant: ein riesiges kupfernes Relief der Festung Luxembourg im Jahr 1867.

Reiter auf dem Holzpferd

Die Sammlung in **Etage +2** widmet sich dem bedeutendsten luxemburgischen Maler des 20. Jh.: Joseph Kutter. Die hier gezeigten, jeweils über 12 m² großen Stadtansichten von Clervaux und Lu-

Luxembourg-Ville

Ein Plätzchen an der Sonne für einen Kaffee vor dem Museum

xemburg hat er für die Pariser Weltausstellung 1937 gemalt. Tolle Bilder: »Le Champion« und »Le Cheval de boix«.

Die Kunstsammlung in der **Etage +3** zeigt neben den Werken alter italienischer und flämischer Meister auch Aquarelle mit Ansichten der Stadt Luxemburg des englischen Landschaftsmalers William Turner (1775–1851). Eine Zeichnung mit dem Turm des Schengener Schlosses, gemalt von Victor Hugo auf einer Serviette um einen Kaffeefleck herum, ist ebenfalls dabei. Große Namen wie Picasso, Cézanne, Magritte und Delvaux sind in der Sammlung moderner Kunst vertreten. Viel Raum gegeben wird der einheimischen Kunst des 19. und 20. Jh. mit Werken von Nicolas Liez, Michel Sinner und Dominique Lang.

Die gute ›Stuff‹

Volkskunst und Kunsthandwerk werden in mehreren alten Bürgerhäusern gezeigt; sie sind durch einen Gang über die Rue Wiltheim hinweg mit dem Hauptgebäude des Museums verbunden. Wohnkultur und Lebensweise der Stadtbewohner vom Mittelalter bis zum 19. Jh. werden in detailreichen Nachstellungen, wie z. B. einer luxemburgischen Apotheke des 19. Jh., der guten ›Stuff‹ (Wohnstube) sowie großen und kleinen Küchen veranschaulicht.

Infos

Musée National d'Histoire et d'Art
6 : Marché-aux-Poissons, Tel. 47 93 30-1, www.mnha.public.lu, Di–So 10–18, Do bis 20 Uhr (17–20 Uhr: Eintritt frei), Eintritt 5 €, ermäßigt 3 €. Die Abteilungen Kunsthandwerk und Volkskunst sind wegen Renovierungsarbeiten der Gebäude zurzeit geschlossen.

Für Leib und Seele

Im **Bistrot d'Art et Scène** 5 (6, rue Sigefroi, Tel. 22 83 63, Mo–Fr 10–1, Sa 11–1 Uhr), nur ein Steinwurf vom Museum entfernt, kann man die gewonnenen Eindrücke bei einem Tässchen Kaffee verinnerlichen, bei schönem Wetter auch draußen auf der Straßenterrasse.

Luxemburg-Stadt

Musée National d'Histoire Naturelle [9]
25, rue Münster, Tel. 46 22 33-1, www.mnhn.lu, Di–So 10–18 Uhr, Eintritt 4,50 €, ermäßigt 3 €
Das Museum eröffnet faszinierende Einblicke in die Evolution, Erdgeschichte und Ökologie, bietet dazu interessante Sonderausstellungen und eine Naturdatenbank, in der man entdecken kann, was in der einheimischen Natur so kreucht und fleucht – etwas für die ganze Familie.

Galerie d'Art Contemporain ›Am Tunnel‹ ▶ Karte 2: Ba 4
16, rue St-Zithe, Tel. 40 15 24 50, Mo–Sa 9–17.30, So 14–18 Uhr, Eintritt frei
15 m unter dem Asphalt liegt die 380 m lange Röhre, die mehrere Gebäude der Staatsbank rund um die Place de Metz verband. Jetzt werden hier in Wechselausstellungen über 100 Werke Luxemburger Künstler gezeigt.

Musée de la Banque
▶ Karte 2: Ba 4
1, place de Metz, Tel. 40 15 59 03, Mo–Fr 9–17.30 Uhr, Eintritt frei
Ein geheimnisvoller Tresor, Sparbüchsen aus aller Welt, Filmausschnitte über dreiste Bankräuber wie Lucky Luke und Louis de Funès – präsentiert in der Luxemburger Staatsbank.

Casino Luxembourg – Forum d'art contemporain [10]
41, rue Notre-Dame, Tel. 22 50 45, www.casino-luxembourg.lu, Mo, Mi, Fr 11–19, Do 11–20, Sa–So 11–18 Uhr, Eintritt 4 €, ermäßigt 3 €
Am einstigen Treff der Bourgeoisie zeigen hochkarätige internationale zeitgenössische Künstler ihr Schaffen. Podiumsdiskussionen, Workshops und Performances begleiten die wechselnden Ausstellungen.

Sparen mit der LuxembourgCard:
Die ein ganzes Jahr gültige Karte gewährt Zutritt zu vielen Museen und Sehenswürdigkeiten und weitere Preisnachlässe, z. B. im öffentlichen Nahverkehr (s. S. 26 und www.visitluxembourg.lu).

Villa Vauban – Musée d'Art de la Ville de Luxembourg
▶ Karte 2: Aa 3
18, av. Emile Reuter, Tel. 47 96 45 52, www.villavauban.lu. Mi–Mo 10–18, Fr bis 21 Uhr, Eintritt 5 €, ermäßigt 3 €
Erlesene Werke niederländischer Maler des Goldenen Zeitalters (17. Jh.), französische Landschaftsmalerei (19. Jh.) und europäische Kunst des 17. bis 19. Jh. Was sonst, weil zuvor in Privatsammlungen versteckt, nur Gästen der Sammler vorbehalten war, wird hier dem breiten Publikum zugänglich gemacht.

Kirchberg-Plateau – Centre Européen, direkt 3 ▶ S. 42
Hier haben sich neben nationalen und internationalen Banken europäische Behörden und Organisationen angesiedelt: Teile des Europaparlaments und der Europäischen Kommission, Europäischer Gerichtshof, Europäischer Rechnungshof, Europäische Investitionsbank und Rat der EU.

Übernachten
Kunst im Hotel – **Simoncini** [1]: 6, rue Notre Dame, Tel. 22 28 44, www.hotelsimoncini.lu, DZ ab 160 €, am Wochenende ab 120 €. Moderne Kunst, modernes Design – von der Lobby (und der Galerie) über das Treppenhaus bis in die hellen Gästezimmer und den Frühstücksraum. Schneeweiße Wände, weitgehend schneeweißes Interieur, selbst das Gebäude ist außen weiß. S. 45

3 | Kunst jenseits der Roten Brücke – das Kirchberg-Plateau

Karte 2: ▶ Ca–Ea 1/2 | **Bus:** Linie 1 und 19 | **Fahrrad:** Vel'oh!-Stationen

Domizile internationaler Geldinstitute und Firmen, Freizeit-, Shopping- und Kulturstätten aus Glas, Stahl und Beton, und überall faszinierende Kunstwerke – das Kirchberg-Plateau entpuppt sich als urbane Spielwiese namhafter Spitzenarchitekten und hochklassiger zeitgenössischer Bildhauer aus aller Welt.

Zu Fuß ist der Kirchberg kaum zu bewältigen, mit dem Pkw ist es kompliziert; am besten man nimmt das Fahrrad (Verleih s. S. 48). Startpunkt ist der »P+R« nahe dem Ende der Avenue J. F. Kennedy. Der ist allerdings meist proppevoll, sodass man u. U. etwas warten muss, bis ein Platz frei wird. Wer mit dem Rad über die ›Rote Brücke‹ (Pont Grande-Duchesse Charlotte) kommt, kann die Route bei Nr. 15 in der Reihenfolge der Kunstwerke beginnen.

Stahlkoloss und grüne Parks

Das monumentalste der auf dem Kirchberg versammelten Kunstwerke steht gleich am Anfang der Tour: Wie ein Turm markiert die 20 m hohe, 37,5 Tonnen schwere Stahlskulptur **»Exchange«** 1 (Richard Serra) die Zufahrt zur Stadt. Durch den Parc Klosegroendchen, in dem **»Coquille«** 2, eine wuchtige Schale aus Granit von Bertrand Ney, beeindruckt, geht es hinein in die urbane Landschaft aus Stahl, Glas und Beton. Ein Stück weiter kann man in den gepflegten Parkanlagen der Banque Générale du Luxembourg mit ihren spiegelsymmetrischen Anbauten die weiße Figurengruppe **»Elément d'architecture contorsionniste IV«** 3 entdecken, ein Abbild der gleichnamigen Skulptur von Jean Dubuffet. Vor der Deka Bank wiederum steht im grauen Business-Outfit – gleichsam als Galionsfigur des Geldinstitutes – mit Schirm, Charme, aber ohne Melone, der baumlange, auf großem Fuß lebende **»Lange Banker«** 4 – er hat Schuhgröße 96! Farbenfroh hingegen leuchtet Giovanni Teconi's **»Grande Fleur**

3 | Das Kirchberg-Plateau

qui marche« 5 wie eine Blume auf zwei Beinen.

Bank an Bank

Eine kleine Brücke führt über die Avenue John F. Kennedy in ein Bollwerk aus Banken, in dem sich auch das lang gestreckte ›**Stadtteilzentrum**‹ 6 befindet.

Einem chaotischen Schrotthaufen ähnelnd kontrastiert Frank Stellas **»Sarreguemines«** 7 mit der disziplinierten Symmetrie der schneeweißen Hypobank. Das Werk ist ein Andenken an die luxemburgischen Stahlkocher, und es heißt, der Künstler fühlte sich durch den Rauch seiner Zigarre zum spiralförmigen, sich nach oben erweiternden Aufbau der Skulptur inspiriert.

Der Gebäudekomplex LBLux, dahinter, ist das Resultat des Versuchs, nicht unbedingt Zusammengehörendes zusammenzubringen. Nicht minder interessant ist das von Glaskegeln überkrönte kubische Domizil der Deutschen Bank, dessen Erbauer, Gottfried Böhm, vor allem bekannt ist für seine Kirchenbauwerke. Am Portal der Bank mahnt die klobige Plastik **»Clitunno«** 8 von Markus Lüpertz mit erhobenem Zeigefinger vor … ja wovor eigentlich? Und in der großräumigen Halle reckt der dreibeinige Bronze-Riese von A. R. Penck namens ›Delphi Heliotroph‹ – nicht ganz Mensch, nicht ganz Tier – seinen giraffenartigen Hals empor und mindert den Eindruck von der Leere des Raumes.

Im Römerwegpark kommt man vorbei an der **»Skulptur ohne Titel«** 9 (Ulrich Rückriem), bis links die **»Coque«** 10 auftaucht, der Sport- und Kulturkomplex mit seinen auffälligen Dachkonstruktionen in Form riesiger Muschelschalen. Die glatten Rundungen von Lucien Vercollier's **»l'Africaine«** 11 mildern den eher eckigen Baustil des Hotel Sofitel.

Am **Europaplatz** 12 setzt die elegant elliptisch geschwungene Architektur der **Philharmonie** 13 mit ihrer von 823 weißen und 20 m hohen Säulen dominierten Fassade einen Kontrapunkt

Speerspitze moderner Architektur: die Philharmonie von Christian de Portzamparc

Luxembourg-Ville

zu den kantig aufsteigenden, turmartigen Hochhäusern, die torartig das Ende der Roten Brücke flankieren.

Glas und dicke Mauern

Im Hang des Alzettetals verschmilzt die zeitgenössische Architektur des **Musée d'Art Moderne Grand-Duc Jean** 14 mit der des **Fort Thüngen** (1732), auch ›De dräi Eechelen‹ genannt. Der avantgardistische Museumsentwurf stammt vom sino-amerikanischen Stararchitekten Ieoh Ming Pei, der auch die Louvre-Pyramide in Paris geschaffen hat. Hier finden thematische Wechselausstellungen statt, in die Werke der eigenen Sammlung von über 100 zeitgenössischen Künstlern eingebunden werden. Nebenan bilden die wuchtigen Pulvertürme **Trois Glands** (Drei Eicheln), Reste des Fort Thüngen, den Rahmen für das **Musée Dräi Eechelen** 15. Hier dreht sich alles um den Bau von Festungen, wobei Luxemburg, das ›Gibraltar des Nordens‹, im Mittelpunkt steht.

›Stuhl‹ – nur für Riesen

Unter der verkehrsreichen Avenue John F. Kennedy hindurch geht es auf den Boulevard Konrad Adenauer, wo am Zufahrtsweg zur Europäischen Investitionsbank der aus rötlichem Hartholz von Magdalena Jetelovà geschaffene ›**Stuhl**‹ 16 zum Blickfang wird. Nächster Stopp ist der von Rost überzogene ›**Kopf**‹ 17 (Jeannot Bewing) aus ineinander verschränkten Stahlelementen. Von hier sind es nur wenige Schritte zum Revolver mit dem Knoten im Lauf: ›**Non Violence**‹ 18 von Carl F. Reuterswärd. Das Original dieser Skulptur steht übrigens vor dem UNO-Gebäude in New York, und auch im Innenhof des Bundeskanzleramtes in Berlin gibt es eine.

Auf der Rückfahrt passieren Sie die ›**Trois Îles**‹ 19, drei Inseln der Künstlerin Marta Pan. Die spitz zulaufenden, ineinander verschachtelten, dreieckigen Edelstahl-Inseln befinden sich in einem von Regenwasser gespeisten künstlichen See.

Infos
Eine ausführliche Broschüre auf Deutsch (›Architektur und Kunst im öffentlichen Raum – Kirchberg‹) mit einer detaillierten Karte gibt es kostenlos im City Tourist Office oder unter www.lcto.lu.

Mobil im Centre Européen
Der Fahrradleihdienst Vel'oh! (s. S. 48) betreibt hier einige Stationen (s. Karte).

Die Museen
Musée d'Art Moderne Grand-Duc Jean (MUDAM): 3, Park Dräi Eechelen, Tel. 45 37 85 960, www.mudam.lu, Bus 1, 13, 16 & Eurobus: Philharmonie/Mudam, Sa–Mo 11–18, Mi–Mo 11–20 Uhr, Eintritt 5 €, ermäßigt 3 €.

Musée Dräi Eechelen: 5, Park Dräi Eechelen, im ehemaligen Fort Thüngen, Tel. 26 43 35, Di–Fr 10–18 Uhr, Sa, So während geführter Besichtigungen, Eintritt frei.

Einkehrmöglichkeiten:
Im **Utopolis-Movie-Komplex** 1: Panini, Teabread. In den Museen gibt es zudem auch Cafés, in der Philharmonie das Restaurant Clé de Sol, Tel. 26 68 73 94, Mo–Fr 11.30–14.30 Uhr.

Noch mehr Kultur
Philharmonie: Place de l'Europe, Tel. 26 32 26 32, www.philharmonie.lu. Hochrangige Konzerte, Interessantes für Kinder und Besichtigungen (Sa 10.30 Uhr).

Luxemburg-Stadt

Tolle Lage – **Hotel Français** 2: 14, place d'Armes, Tel. 47 45 34, www.hotelfrancais.lu, DZ 125 € am Wochenende, 140 € wochentags. Zeitgenössisches Dekor auf den Fluren, aparte Zimmer – eines für Rollstuhlfahrer ausgestattet – mit Blick auf den schönsten Platz im Herzen der Stadt. Beliebtes Brasserie-Restaurant »Le Café Français« (tgl. 10–23 Uhr).

Zentral – **Hotel Vauban** 3: 10, place Guillaume II, Tel. 22 04 93, www.hotelvauban.lu, DZ ab 130 €. Komforthotel an einem der schönen Plätze im Stadtzentrum. Alle Zimmer mit kostenlosem WLAN-Internetzugang.

Voller Charme – **Hotel Carlton**: ▶ Karte 2: Ca 5, 7, rue de Strasbourg, Tel. 29 96 60, www.carlton.lu, DZ ab 125 €. Mit riesigen bemalten Fenstern und dem Treppenaufgang aus den 1920er-Jahren hat das Hotel etwas vom Charme der alten Tage, und ist – da tipptopp renoviert – dennoch modern. Günstig: die Nähe zum Bahnhof. Freier Internetzugang.

Nahe am Flieger – **Hotel Ibis Luxembourg Airport**: ▶ Karte 2: außerhalb Ea 1, route de Trèves, Tel. 43 88 01, www.ibishotel.com, DZ ab 69 €. Nah am Flughafen und dennoch ruhig, alle 167 klimatisierten Zimmer sind schallgedämpft. Es gibt Familien- und rollstuhlgeeignete Zimmer. Parken ist gratis. Gutes Restaurant. Kinder unter 12 Jahren, die das Zimmer mit den Eltern teilen, übernachten umsonst.

Camping – **Kockelscheuer**: ▶ Karte 2: außerhalb Ca 7, 22, route de Bettembourg, 4 km südlich der Hauptstadt, Tel. 47 18 15, www.camp-kockelscheuer.lu, eine Woche von Ostern–Okt. Stellplatz 4,50 €, Erwachsene 3,75 €. Gepflegter Platz mit modernen sanitären Anlagen. Ruhige Lage am Waldrand, Kinderspielplatz, Tennis, Internetzugang.

Essen und Trinken

Romantisch – **Den neie Breedewee** 1: 9, rue Large, Tel. 26 26 26 64, www.breedewee.lu, Mo–Fr 12–14.30, 19–22.30 Uhr, Sa nur abends. Reservieren! *Suggestions de la semaine* (Auswahl aus drei verschiedenen Speisen) ab 13,50 €. Wein: pro cm 1 €. Romantisches Lokal hoch oben auf der Corniche mit schöner

Wahrzeichen der Stadt: die Cathédrale Notre-Dame von innen

Luxembourg-Ville

Aussicht auf die Unterstadt Grund und das Flüsschen Alzette. Beheizte Terrasse. Feine französische Küche.

Essen zum Wein? – **Chiggeri** 2: 15, rue du Nord, Tel. 22 82 36, www.chiggeri.lu, Restaurant tgl. 12–14, 19.30–22, Fr–Sa bis 22.30 Uhr, Hauptgericht ab 24 €, Resto-Café tgl. 10–1, Sa, So ab 11 Uhr, Tagesgericht ab ca. 13 €, Le jardin d'hiver tgl. 12–14, 18–24 Uhr. Unten lebhaftes Resto-Café mit New-Age-Deko, oben Restaurant im Ethno-Look, nett sitzt man auch im Laternen-Wintergarten oder draußen auf der luftigen Sonnenterrasse. Wein zum Essen oder Essen zum Wein? Das ist die Frage, wenn man es über die kühne Wendeltreppe hinauf geschafft hat, denn hier kann man zu den vortrefflichen Speisen der Saison aus über 2200 Weinen (Guinnessbuch der Rekorde!) auswählen.

Vegetarisch – **Mesa Verde** 3: 11, rue du St-Ésprit, Tel. 46 41 26, www.mesa.lu, Di–Sa 18.30–24, Mi–Fr auch 12–14 Uhr, Tagesmenü ab 10,50 €. Nummer eins für Vegetarier, zudem köstliche Fischgerichte. Spitzenkoch Lucien Elsen, Autor eines erfolgreichen Kochbuchs, legt viel Wert auf Originalität, farbenfrohe Deko und stimmungsvolle Atmosphäre. Gut besucht.

Traditionell – **Brasserie Guillaume** 4: 14, place Guillaume II, Tel. 26 20 20 20, www.brasserieguillaume.lu, tgl. 7.30–1, Küche 11–24 Uhr, *plat du jour* 11,50 €. Unten Brasserie mit traditionellen luxemburgischen Gerichten, oben feine französische Küche, Spezialitäten: Hummer und Carpaccio. Sommerterrasse auf der Place Guillaume II.

Versteckt – **Café Am Musée** 5: 14, rue du St-Ésprit, Tel. 26 20 25 95, Di–So 10–18, Do 10–20 Uhr, Tagesgericht ab ca. 10 €. Entspannung nur während eines Besuchs des Musée d'Histoire de la Ville de Luxembourg (s. S. 37), schöner Blick von der Terrasse auf das Tal der Alzette. Moderne internationale Küche.

Theatralisch – **Art Café** 6: 1a, rue Beaumont, Tel. 26 27 06 52, www.goeres-group.com, Mo–Sa 10–20 Uhr, Tagesgericht 10,50 €. Farbenprächtige Theaterkostüme und -masken an den Wänden. Schwere Samtvorhänge und leichte Speisen: Sandwiches, Salate, Nudeln und Leckeres aus dem Wok. Nette Sommerterrasse.

Confiserie – **Namur** 7: 27, rue des Capucins, Tel. 22 34 08, www.namur.lu, Mo 11.30–18, Di–Sa 8.30–18 Uhr. Ob zum leckeren Küchelchen, zur heißen Schokolade oder zum Frühstück mit leckeren Croissants – hier ist man richtig.

Patissier – **Oberweis** 8: 19, Grand-Rue, Tel. 47 07 03, www.oberweis.lu, Mo 10–18.15, Di–Fr 7.30–18.30, Sa 8–18.15 Uhr. Luxemburger Spezialitäten und andere süße Köstlichkeiten. Kenner schätzen besonders die ›Montblancs‹ – nicht ohne Grund ist das Oberweis, wie übrigens auch das Namur, Hoflieferant.

Einkaufen

Bezahlbares – **Bahnhofsviertel:** ▶ Karte 2: Ca 5–6, einen Tick weniger edel, für junge Leute mit kleinem Budget.

Chic – **Grand-Rue** 1: Einkaufsmeile mit eleganten Läden und Shoppinggalerien.

Trendy – **Rue Philippe II** 2 und **Rue du Nord** 3: Hippe Modeboutiquen.

Zum Schmökern – **Librairie Ernster** 4: 27, rue du Fossé. Tel. 22 50 77-200, www.ernster.com, Mo–Fr 9–18.30, Sa bis 18 Uhr. Literatur in verschiedenen Sprachen.

Kunstvolles – **Fellner Art Books** 5: 4, rue de l'Eau, Tel. 22 04 21. Unmengen Bücher zu Architektur, Kochen, Kunst, Fotografie und Design.

Kleine Kunst – **Museal** 6: 19, rue du St. Esprit, Tel. 46 59 60. Kleine Nachbildungen von Kunstobjekten aus den Lu-

Luxemburg-Stadt

xemburger Museen, dem Louvre, Berliner Museen und anderen großen Kunsthäusern der Welt.

Fragiles – **Porzellan** 7 : House of Villeroy & Boch, 2, rue du Fossé, Tel. 46 33 43, www.villeroy-boch.com. Hier gibt es einen Überblick über die Kreationen der berühmten Luxemburger Porzellanmanufaktur. (Factory Outlet: 330, rue du Rollingergrund, Tel. 46 82 12 78.)

Ausgehen

Über das kulturelle Angebot in der Hauptstadt informieren die gratis Kulturmagazine »Agendalux.lu« (frz., dt., erhältlich im Touristenbüro oder online www.agendalux.lu), »City-Magazine Luxembourg« (frz., erhältlich u. a. im Rathaus oder auf www.citymag.lu) und »City Agenda Luxembourg«. Onlineticket-Bestellungen: www.luxembourgticket.lu

Nostalgisch – **Café des Artistes** 1 : 22, montée du Grund, Tel. 46 13 27, Di–So 22–2 Uhr. Kleines Café, die Wände mit Postern großer Künstler. Hoch geht es her, wenn einer das Piano bearbeitet.

Irisch – **Scott's Pub** 2 : 4, Bisserwée, Tel. 22 64 75, www.scotts.lu, tgl. 11–1 Uhr. Gemütliche irische Kneipe, unmittelbar an der Alzette, schöne Terrasse. Guinness und andere Gerstensäfte gegen großen Durst, Paninis mit Salami und Käse gegen kleinen Hunger.

Irish Pub – **Oscar Wilde's** 3 : 9, Bisserwée, Tel. 26 20 30 15, www.oscarwildes.lu, tgl. geöffnet. Urig-gemütlich, Treff der Anglo-Luxos, Entertainment live. Natürlich Guinness. Gegen den Hunger: Paninis à la ›Model Millionaire‹, ›Selfish Giant‹ oder ›Smoked Salmon‹.

Quicklebendig – **Banana's Bar** 4 : 9, avenue Monterey, Tel. 46 15 11, www.bananas.lu. Brasserie, lebhaft bis hektisch, viel junges Volk.

Music live – **Bistrot d'Art et Scène** 5 : 6, rue Sigefroi, Tel. 22 83 63, Mo–Fr 7–1, Sa 10–1 Uhr. Wochenende: Jazz, Rock, Blues live. Leckere Cocktails, gute Whiskeys. Schöne Terrasse.

Klassisch und kreativ – **Théâtre des Capucins** 6 : 9, place du Théâtre, Tel. 47 96 40 54, www.theatres.lu. Große

Die Grand-Rue: Shoppingmeile der Hauptstadt

Luxembourg-Ville

Am Place du Théâtre ist die Kultur nicht zu übersehen

Klassiker der Weltliteratur, aber auch Plattform für Neues.
Vielseitig – **Centre Culturel de Rencontre Abbaye de Neumünster** ▶7: 28, rue Münster, Tel. 26 20 52-1, www.ccrn.lu. Ehemalige Benediktinerabtei, Ausstellungen, Konzerte und Theateraufführungen.
Dancing – **Melusina:** ▶ Karte 2: Da 3, 145, rue de la Tour Jacob, Fr, Sa 23–3 Uhr. Bestens besuchte Disco, internationale DJs, Hip Hop, House, R'n'B, ab und an Partyreihen-Abende – auf zwei Etagen.
Von Oper bis Zirkus – **Grand Théâtre de la Ville de Luxembourg:** ▶ Karte 2: Ba 2, 1, rond-point Schuman, Tel. 47 96 39 00, www.theatres.lu, Karten ab 8 €. Okt.–Mai: Aufführungen in Französisch, Lëtzebuergesch oder Deutsch.
Innovativ und kühn – **Théâtre National du Luxembourg:** ▶ Karte 2: außerhalb Aa 4, 194, route de Longwy, Tel. 26 44 12 70, www.tnl.lu. Forum für unabhängige Künstler und junge Theatergruppen, in einer alten Schmiede.

Sport und Aktivitäten
Per Velo – **Selfservice-Fahrradverleih – Vel'oh!:** Über 50 Stationen in der Stadt, Tel. 80 06 11 00, www.veloh.lu. An der Hauptsäule einer der vel'oh!–Stationen schließt man ein Kurzzeitabo (7-Tage-Ticket, mit Kreditkarte: Maestro, VISA, Master!). Man muss eine Geheimzahl festlegen und erhält ein Ticket mit Benutzernummer, die man beim Entleihen eines Fahrrads eingibt. Mit dem Abschluss eines Kurzzeitabo erteilt man automatisch eine Einzugsermächtigung. Die Kaution (150 €) wird aber nur dann vom Konto abgebucht, wenn man sich nicht an die Nutzungsbedingungen hält, v. a. wenn man ein Fahrrad nicht innerhalb von 24 Std zurückgibt. Tarife: Abo 1 €; erste halbe Stunde kostenlos, jede weitere Stunde 1 €, für 24 Std. maximal 5 €.
Per pedes – **Stadtrundgänge:** Geführt: »City Promenade«, Erw. 9 €, ermäßigt 4,50–7 €. Audiovisuell: »iTour« mit 50 Stationen, www.itour.de, 7,50 €. Tickets und Infos im City Tourist Office,

Luxemburg-Stadt

Place Guillaume II., Tel. 22 28 09, s. unter ›Infos‹.
Per Bähnchen – **Pétrusse-Express** 1: Touristischer Zug, Ende März–Okt. tgl 10–18 Uhr, alle 30 Min, Erw. 8,50 €, ermäßigt 5 €, ab Place de la Constitution.
Per Doppeldeckerbus – **Hop on – Hop off** 2: www.sightseeing.lu, 19. März–Okt. tgl. 9.40–17.20 Uhr (Sommer 18.20 Uhr) alle 20 Min., Erw. 14 €, ermäßigt 7 €, ab Place de la Constitution.
Sportlich – **Centre National Sportif et Culturel – Centre Aquatique** ▶ Karte 2: Ea 1, 2, rue Léon Hengen, Luxemburg-Kirchberg, Tel. 43 60 60-222, www.coque.lu. In der Veranstaltungshalle treten die großen Stars auf, im Fitnessbereich und Schwimmbad ist körperliche Ertüchtigung angesagt.
Für Kinder – **City Labo Tour:** Mitte Juli–Mitte Sept., Di, Do, Sa, So, Treffpunkt 14.30 Uhr vor dem Luxembourg City Tourist Office, Place Guillaume II, s. S. 36. Anmeldung: Tel. (+352) 47 96-2709, Dauer 2 Std., Preis 6 € (s. S. 21).

Infos und Termine

City Tourist Office: 30, place Guillaume II, Tel. 22 28 09, www.lcto.lu, Okt.–März Mo–Sa 9–18, April–Sept. 9–19, So, Fei ganzjährig 10–18 Uhr.
Tourist-Info: Im Foyer des Hauptbahnhofs, Tel. 42 82 82 20, www.visitluxembourg.lu.
Flohmarkt: Jeden zweiten und vierten Sa im Monat, Place d'Armes, s. S. 30.
Mai–Sept.: Konzerte. Tgl. auf der Place d'Armes in der Hauptstadt.
Musikalischer Frühling: März–Juni, Tel. 22 28 09, www.printempsmusical.lu. Von klassischer Musik über Jazz bis zum Chanson.
Summer in the City: Um den 20. Juni–Mitte Sept., Tel. 22 28 09, www.summerinthecity.lu. Open-air-Events wie das Latino Festival, Rock um Knuedler, Blues- und Jazzfestival, Klassik- und Popkonzerte internationaler und lokaler Bands, Straßen- und Kinderfeste.
Schueberfouer: ab 20. Aug., auf dem ›Glacis‹, Festplatz imStadtteil Limpertsberg, www.fouer.lu. Die Schobermesse, der größte, zwei Wochen dauernde Jahrmarkt Luxemburgs. Ursprünglich ein Viehmarkt, wird das Fest traditionell mit einem großen Umzug eröffnet, bei dem in den Landesfarben geschmückte Hammel mit ihren Hirten durch die Stadt ziehen, zu den Tönen des ›Hämmelsmarsches‹.
Live at Vauban: Okt.–Nov., Tel. 22 28 09, www.liveatvauban.lu. Rockfestival in der Konzerthalle Atelier, im Grand Théâtre und im Konservatorium.

Verkehr

Öffentlicher Nahverkehr: Das Stadtzentrum ist recht klein und gut zu erlaufen. Man kann aber vom Bahnhof auch einen Bus nehmen, um auf die andere Seite der Alzette, nördlich des Blvd. F. D. Roosevelt, zu kommen. (Linie 20, dritte Station ›Place de la Constitution‹ aussteigen). In diesem Teil des Zentrums braucht man keinen Bus, um zu Museen und anderen Attraktionen zu kommen.
Parken: Für einen Tagesbesuch empfiehlt es sich, das Auto auf einem der kostenlosen P&R-Plätze am Stadtrand stehen zu lassen und den Bus in die City zu nehmen.
City Night Bus: Fr, Sa 22–3 Uhr. Bars, Restaurants, Theater, Kino, Clubs und Discos – der City Night Bus kommt alle 15–30 Min. vorbei. Gratis-Service der Stadt Luxemburg! Die Linie CN1 verbindet die Oberstadt mit den Vierteln Hollerich, Gare, Clausen, Neudorf und Cents und fährt die Parkplätze Glacis und Bouillon an. Die Linien CN2 und CN3 verbinden den Centre Hamilius (städtischer Busbahnhof) mit den Ortsteilen Bonnevoie, Gasperich und Cessange (CN3) und die Stadtteile Limpertsberg, Belair und Merl (CN2).

Das Gutland

Esch-sur-Alzette (Esch- Uelzecht) ▶ C/D 11

Die einstige Eisenhütten-Metropole und mit 30 000 Einwohnern zweitgrößte Stadt Luxemburgs erweist sich im Zentrum als hell, farbig, vor Vitalität sprühend und kosmopolitisch. Hier leben Bürger aus vielen Nationen, und so fängt man mal französische Gesprächsfetzen auf, dann portugiesische Worte, und ein Stück weiter ertönt melodiöses Italienisch.

Musée National de la Résistance
Place de la Résistance, Tel. 54 84 72, www.musee-resistance.lu, Mi–So, 14–18 Uhr, Eintritt frei
Das Museum dokumentiert eindrucksvoll den Widerstand der luxemburgischen Bevölkerung gegen die Nazi-Herrschaft. Neben dem funktionalistischen Museumsgebäude steht das bronzene Denkmal ›Abraccio‹ von Marie-Josée Kerschen.

Galerie Schlassgoart
66, rue de Luxembourg, Tel. 47 92 23 70, Mo–Fr, 10–17 Uhr
Hier werden mehrmals im Jahr wechselnde Ausstellungen internationaler Künstler gezeigt, meist Kunst aus Eisen und Stahl. Die Integration des Berwart-Turms, dem einzigen Überbleibsel eines mittelalterlichen Schlosses, in den Bau des postmodernen Ausstellungsgebäudes verleiht dem Komplex eine interessante Note.

Übernachten
Zentral – **Hotel Acacia:** 10, rue de la Libération, Tel. 54 10 61, www.hotel-acacia.lu, DZ ab 95 €. 23 komfortabel eingerichtete Zimmer, Bar und Restaurant mit traditioneller Küche zu fairen Preisen. Halbpension möglich.
Guter Komfort – **Mercure:** 2, place Boltgen, Tel. 54 19 91, www.mercure.com, DZ ab 60 €, Frühstück 15 €/Pers. Modernes Haus in der Fußgängerzone, große, komfortable Zimmer. Mit Tiefgarage und Restaurant.
Ruhige Lage – **Camping Gaalgebierg:** Galgenberg, Tel. 54 10 69, www.gaalgebierg.lu, ganzjährig, Stellplatz 7 €, Erw. 3,75 €, Kind 1,75 €. Ruhiger, bewaldeter Platz mit Kinderspielplatz, sehr gepflegt.

Essen und Trinken
Im Grünen – **Le Pavillon:** 50, Parc Galgebierg, Tel. 54 02 28, www.pavillon.lu, Di–Fr 12–14, 19–22, Sa 19–22, So 12–14 Uhr, Hauptgericht à la carte ab ca. 10 €. Schön im Grünen beim Wildfreigehege gelegenes Restaurant im Art-nouveau-Stil. Kreative Küche.
Italo-Fusion – **La Lambretta:** 60, rue du Brill, Tel. 26 54 16 44, www.lalambretta.lu, Di–Sa 12–14, 19–22 Uhr, Hauptgericht ab ca. 17 €. Bunt und mit originellen Lampen ausgestattet, Schwarz-Weiß-Fotos an den Wänden – Dolce Vita Flair der 1950er-Jahre. Einfallsreiche italienische Küche.
Authentisch – **Brasserie K116:** 116, rue de Luxembourg (an der Kulturfabrik),

Esch-sur-Alzette

Tel. 26 17 59 74, www.k116.lu, Mo–Fr 11–15, 18–1, Sa 18–1 Uhr, Tagesgericht 9 €. Im ehemaligen Schlachthaus. Die umfangreiche Speisekarte bietet von Carpaccio (ab ca. 13 €) bis *Filet de boeuf Argentin* (26 €) viele Leckereien.

Einkaufen

In der Hauptgeschäftsstraße mit einer der längsten Fußgängerzonen Luxemburgs reihen sich Geschäfte, Restaurants und Kneipen aneinander.
Urban living – **Belvalplaza:** Site de Belval, www.belvalplaza.com. Die meisten Geschäfte sind Mo–Do 10–20, Fr 10–21, Sa 9–18 Uhr geöffnet. Shopping, Gastronomie, Kino und Fitness – hier kommt alles zusammen.

Ausgehen

Große Bühne – **Stadttheater (Théâtre municipale):** Vorübergehend im Theaterzelt, place de l'exposition, Tel. 54 03 87, www.esch.lu/culture/theatre. Darbietungen heimischer Gruppen und Ensembles großer ausländischer Bühnen.
Konzerte – **Musikkonservatorium:** 50, rue d'Audun, Tel. 54 97 25. Regelmäßig stattfindende Konzerte: Sinfonie- oder Kammerorchester, Brass oder Big Band, Blasorchester, außerdem Chöre – man bietet etwas für jeden Geschmack.
Vielfältig – **Kulturfabrik:** 116, rue de Luxembourg, Tel. 55 44 93-1, www.kulturfabrik.lu. Alternative kulturelle Szene mit Jazz-, Rock- und Pop Happenings, eigenen Theaterproduktionen und Kleinkunst im ehemaligen Schlachthof.
Movies – **Ciné Ariston:** 9, rue Pierre Claude, Tel. 57 57 58. Saal für 220 Cineasten, hauptsächlich Mainstream-Filme.

Sport und Aktivitäten

Fitness und Erholung – **Galgenberg:** Rue du Stade. Freizeitzentrum mit Tennis- und Bouleplätzen, Rollschuhbahn, Spielplätzen, Tiergehege, Blumengärten und Promenade. Wildfreigehege.
Fassaden erzählen – **Architek-Tour:** Filigrane Art déco-Ornamente, Jugendstil-Dekor, gotische, barocke und neoklassizistische Hausfassaden – wer in den Straßen der Stadt den Blick nach oben richtet, kann etliches an beachtenswerter Architektur entdecken. Doch nicht nur das, denn dahinter verbergen sich Geschichten. Am besten geht das mit der Broschüre »Wenn Fassaden das Epos ihrer Stadt erzählen«, erhältlich im City Tourist Office.

Infos und Termine

City Tourist Office: Place de l'Hôtel de Ville, Tel. 54 16 37, www.eschcity.lu, Mo–Fr 9–17, im Sommer auch Sa 13–17 Uhr.
Terres-Rouges: Kulturfestival, 1. Wochenende im Sept. www.festival-terresrouges.lu. Streetfestival (Fr, Sa) und großes Open-Air-Konzert (So).

In der Umgebung

Differdange (Déifferdéng) ▶ C 10
Industrielärm, ratternde Förderbänder, kilometerlange Rohrleitungen und rostige Schienenstränge im Ort – die 20 000 Einwohner der ›Stadt des Eisens‹ sind daran gewöhnt. Zwar sind die zehn einst im Ort ansässigen Hochöfen längst verschrottet, doch ein Stahlwerk arbeitet in der einstigen Hochburg der Eisenindustrie noch immer. Sehenswert ist der **Parc Industriel et Ferroviaire du Fond-de-Gras**, **direkt 4** s. 52.

Dudelange (Diddeléng) ▶ E 11
Blumengeschmückte Plätze und belebte Geschäftsstraßen im Stadtzentrum rund um die neugotische Pfarrkirche – das Gesicht der einstigen Stahlschmiede (18 000 Einw.) in Luxemburgs Süden hat sich gewandelt. Dabei lässt sich der Shoppingbummel durch Be- S. 55

4 | Es dampft und rattert – Parc Industriel du Fond-de-Gras

Karte: ▶ B 10 | **Ausflug:** mit dem Zug ›Train 1900‹

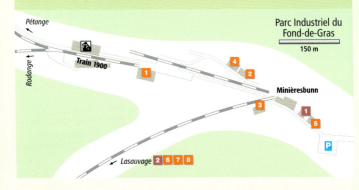

Erst geht's mit der nostalgischen Dampfeisenbahn auf der alten Eisenerztrasse nach Fond-de-Gras, dann mit einer Schmalspurbahn durch einen unterirdischen Stollen. Zwischendurch werden im Lokschuppen historische Lokomotiven, Bahnwagen und Maschinen bestaunt – das Richtige für Eisenbahn-Freaks, jung und alt.

Der Prënzebierg ist durchlöchert wie ein Schweizer Käse, von Gängen und Stollen. Rostrotes Gestein lässt ahnen, warum: Er war voller Eisen. Jahrzehntelang hat man hier Eisenerz im Tagebau und Untertage abgebaut und der Verhüttung zugeführt. Dazu brauchte es aber zunächst erst mal Eisen. In Form von Waggons, Dampfloks und langen Schienentrassen. Die ›**Ligne des Minières**‹, die Grubenlinie von Pétange nach Fond-de-Gras, wurde 1879 fertiggestellt. 100 Jahre später war hier mit dem Erzabbau Schluss. Es war billiger, Eisen zu importieren. Der Schienentransport wurde sogar schon 1962 eingestellt.

»Eisen zu Eisen«

Die Schienen verrosteten, Loks und Waggons siechten dahin, die Natur holte sich zurück, was man ihr an Eisen entnommen hatte – beinahe jedenfalls. Denn eine Handvoll Enthusiasten schoben dem einen Riegel vor. Sie kauften Trassen, schrottreife Lokomotiven und Waggons und setzten diese instand. Jetzt zuckeln wieder Züge die alte Bahntrasse entlang, die Normalspurbahn ›**Train 1900**‹ und die Schmalspurbahn ›**Minièresbunn**‹. Doch statt Eisenerz befördern sie heute Besucher.

Sitzbank in der ›Holzklasse‹, oder Erste-Klasse-Plüschsitz? Qualmende Dampflok oder Elektroschienenbus? Sie können hier wählen. Die Personenzüge von Anfang des 20. Jh. fahren in Pétange vom Bahnsteig des Train 1900 hinter dem CFL Bahnhof ab (ausgeschildert, Parkplatz vorhanden). Nach 25 Minu-

4 | Parc Industriel Fond-de-Gras

ten erreichen sie Fond-de-Gras. Sie können aber auch mit dem Auto nach Fond-de-Gras fahren und die Bahnfahrten von dort unternehmen. Oder sich dort einfach nur umschauen.

Eine Birne – Tonnen schwer
Für den **Industrie- und Eisenbahnpark Fond-de-Gras** sollte man viel Zeit einplanen. Weil es dort so viel zu entdecken gibt. Im alten **Bahnhof 1**, der nie Bahnreisenden diente, können Sie Getränke und Kaffee und Kuchen bestellen. Von hier fährt auch ein Zug zum nahe gelegenen ›**Bois de Rodange**‹. Gegenüber dem Bahnhof erkennt man eine Mauer mit schrägen Brettern oben drauf. Das waren Verladerampen. Oben kamen die von Pferden oder Schmalspurloks gezogenen, mit Erz beladenen Loren, die ›Buggys‹, an, deren Inhalt dann in die tiefer stehenden, großen Erzwaggons geschüttet wurde.

Im Lokschuppen findet man restaurierte Loks, Personen- und Güterwagen. Draußen wartet ein Dutzend heruntergekommener Loks und Waggons auf ihre Restauration, darunter wuchtige Transporter für flüssigen Stahl. Interessant sind auch die zwei Tonnen schwere **»Bessemer-Birne« 2**, in der Roheisen zu phosphorfreiem Stahl veredelt wurde, die **Walzstraße 3** und die **Elektrozentrale 4**, die man von ihren ursprünglichen Standorten in Esch-Belval und Luxembourg-Hollerich hierher transportiert und ein paar hundert Meter vom Bahnhof entfernt wieder aufgebaut hat.

Nahebei, in der einstigen Bergarbeiterschenke **Bei der Giedel 1**, kann man gemütlich ein Bierchen genießen. In dem Holzhaus von 1881 hat man noch viel von der damaligen Atmosphäre bewahrt. Nostalgisches auch in den ehemaligen Arbeiterwohnungen nebenan, im alten Krämerladen **Epicerie Binck 5** aus Differdange, den man hier 1987 nach seiner Schließung wieder originalgetreu aufgebaut hat.

Auf schmaler Spur
Kurz unterhalb der Schenke fährt die Schmalspur-Grubenbahn, die ›**Miniè-**

Eine der historischen Lokomotiven in Fond-de-Gras

Das Gutland

Übrigens: Früher hatten verschiedene Firmen im Berg ihre abgesteckten *claims* und kurze Gleise für den Abtransport ihres Eisenerzes. Damals ging hier der Loren-Klau um. Was es zu verhindern galt. Also veränderte man die Spurbreite von Gleis und Lore, sodass diese wenige Millimeter von der normalen Spurbreite von 700 mm abwich und dort nicht zu gebrauchen war.

resbunn‹, ab, mit der Sie durch den Berg zur ehemaligen **Bergarbeitersiedlung Lasauvage** fahren können. Zunächst geht es mit originalen Dampfloks bis zur Grube Doihl, von dort mit Elektroloks – nichts für Leute mit Platzangst – durch einen 1400 m langen Stollen. Die Fahrt schließt eine kleine Führung in der Grube mit ein. Dann können Sie wählen: Entweder bis ans Ende der Bergarbeitersiedlung Lasauvage, zum »Balcon«-Viertel, oder in die andere Richtung über die französische Grenze zur ehemaligen Hüttenstadt **Saulnes**.

In **Saulnes** ging 1874 der erste Hochofen in Betrieb; 1968 kam dann das Aus. Vom Ort aus können Sie zu einer **Grotte** emporsteigen, die der hiesige Pfarrer in den 1940er-Jahren eigenhändig zu Ehren Muttergottes in den Felsen gehauen hat. Damit erfüllte er ein Versprechen, das er gegeben hatte, sollte Saules vom Zweiten Weltkrieg verschont bleiben. Von der Anhöhe bietet sich ein schöner Ausblick auf den Ort.

Bei einem Spaziergang in Lasauvage können Sie die einstige Arbeitersiedlung erkunden. Im **Espace Muséologique** 6 wird die Dorfgeschichte beleuchtet und die Geschichte von 122 luxemburgischen Fahnenflüchtigen erzählt, die sich während des letzten Krieges in der Grube Hondsbësch vor der Wehrmacht versteckt hatten. Und im **Eugen Pesch Museum** 7 in einem alten Zechenhaus gibt es u. a. Fossilien und Mineralien zu sehen. Ein nachgestellter Eisenerzstollen vermittelt zudem einen Eindruck von den schwierigen Arbeitsbedingungen der Bergleute. Schauen Sie auch beim **»Balcon«** 8 vorbei. Diese stattliche Häusergruppe mit Speisesaal, Salon und Festsaal wurde ursprünglich für Kurgäste erbaut, mit Beginn des Ersten Weltkrieges allerdings in zehn Arbeiterwohnungen umgewandelt.

Infos
Parc Industriel et Ferroviaire du Fond-de-Gras: www.fond-de-gras.lu, Gelände ganzjährig, Museen Mai bis letzter So im Sept. So, Fei (außer 23. Juni) 14–18 Uhr. Musée Eugen Pesch Eintritt frei, Espace Muséologique Eintritt 1,50 €.
Train 1900: www.train1900.lu, Mai–Sept. So, Fei, Abfahrt Pétange–Fond-de-Gras ca. 13.30–19 Uhr (in etwa stdl.), Abfahrt Fond-de-Gras–Pétange ab ca. 14.40–18.40 Uhr (in etwa stdl.), Erw. ab 8 €, Kinder ab 5 €.
Minièresbunn: www.miniersbunn. kohle-und-eisen. de, Mai–Sept. So, Fei, Abfahrt Fond-de-Gras ab 15.05, 16.45, 18 Uhr, Hin- und Rückfahrt 5 €, Kinder bis 12 Jahre 3,50 €, Kinder unter 5 Jahre gratis.

Einkehren
Bei der Giedel: Tel. 26 58 07 11, www.beidergiedel.lu, tgl. 11–23 Uhr, Salate, Omlettes ab ca. 9 €, Tartines ab ca. 8 €.
Auberge de la Promenade 2: 81, pl. de Saintignon, Tel. 50 67 15, Di–Sa ab 15, So ab 11 Uhr, ab 2,50 €. Snacks wie Croque Monsieur und Salate.

Bettembourg bietet neben Barock auch moderne Architektur

suche in einladenden Kunstgalerien kurzweilig unterbrechen.

Bettembourg
(Bétebuerg) ▶ E 10
Das nahe der französischen Grenze liegende Städtchen (9400 Einw.) ist ein wichtiger Verkehrsknotenpunkt und überrascht mit dem schönen Barockschloss Collart. Bekannt ist es aber vor allem für eines: den **Märchenpark Merveilleux**, direkt 5 ▮ S. 56.

Eischtal ▶ C8–D7
Das ›Tal der Sieben Schlösser‹, direkt 6 ▮ S. 58

Bourglinster
(Buerglënster) ▶ F 8

Sandsteinfarbene Häuschen säumen die kopfsteingepflasterten Gassen des Dorfkerns von Bourglinster und ergeben mit den hübschen Straßenlaternen, dem Dorfbrunnen und alten Viehtränken ein malerisches Bild. Darüber thront auf einem Felsen stolz die Burg, mit ihren schiefergedeckten Rundtürmen und verschachtelten Bauten eine der schönsten des Großherzogtums.

Burg
8, rue du Château Tel. 78 78 78 50, www.bourglinster.lu, Besichtigung nach Voranmeldung
Ursprünglich stammt die Burg aus dem 10./11. Jh. In der Dämmerung angestrahlt, bietet sie einen bezaubernden Anblick. ›Konscht, Kultur & Kichen‹ – heute bieten die uralten Gemäuer den festlichen Rahmen für Konzerte, Theateraufführungen, Ausstellungen, Empfänge und beherbergen Spitzenrestaurants. In den ehemaligen Stallungen haben sich Kunsthandwerker niedergelassen (Programm s. Website). Das barocke Haus des ehemaligen Schlossverwalters unterhalb der Burg ist heute eine Jugendherberge (www.youthhostels.lu). S. 61

5 | Märchen, Exoten, Klettern, Entdecken – im Parc Merveilleux

Karte: ▶ E 10 | **Bus:** Linie 304 ab Bettembourg

Für den Ausritt sind die Holzpferde gesattelt. Märchen werden Realität. Der Zoo lockt mit seinen Exoten: Krokodile, Affen, Flamingos, tropische Fische. Dann eine Reise durch ferne Kontinente. Das Beste: Selber tun! Klettern! Planschen! Spielen! Entdecken! Den ganzen Tag.

Der Parkeingang an der Route de Mondorf ist leicht zu erkennen: an dem Backsteinturm mit der besenreitenden Hexe obendrauf. Doch sobald die Kasse unter dem Hexenhut passiert ist, ist es aus mit ›leicht‹, denn jetzt hat man die Qual der Wahl: Wo soll man denn nur zuerst hingehen?

Schon mal was vom Mahajanga gehört?

Wenn Sie kein früher Vogel sind, bietet sich zunächst ein Abstecher ins **Mahajanga** 1 an (es macht erst um 11 Uhr auf), das große Gewächshaus mit Pflanzen und Tieren aus Madagaskar. Hier kreucht und fleucht so einiges. Etwa die Tomatenfrösche, Strahlenschildkröte und Panther-Chamäleons. Betreten stehen Brillenträger erst mal im Dunkeln, soll heißen, dass die Gläser beschlagen – so tropisch-feucht und schwül ist es dort drinnen. Und alle anderen sind auch zunächst visuell umnachtet, wenn sie sich in die dunkle Höhle für die Nachttiere begeben. Hat sich das Auge an die Dunkelheit gewöhnt, kann man Fauchschaben, fliegenden Hunde, Tausendfüßer und Achatschnecken entdecken, die so groß werden wie eine Hand, mindestens. Und natürlich die winzigen Äffchen mit den riesigen Augen, die, weil sie so klein sind, Mausmakis heißen.

Gleich hinter dem Mahajanga liegt der **afrikanische Weiher** 2 an dem allerlei Störche, Pelikane und Kraniche herumstolzieren, und Gehege mit den

5 | Parc Merveilleux

Schabrakenschakelen. Neben dem Mahajanga bietet es sich an, eine Runde im **Minizug** 3 um den Entenweiher mit den rosa Flamingos zu drehen. Von hier geht es nun im Uhrzeigersinn weiter. Beim **Pony-Express** 4 kann man einen Ritt wagen, oder – vorbei an den bronzenen Grizzlybären und den Meerschweinchen – mit den **Miniautos** 5 eine Spritztour unternehmen (Minizug, Pony-Express, Miniautos jeweils 1 €/Fahrt).

Von Prinzessinnen und exotischen Tieren

Nun aber an der alten Dampfwalze links rein zu den **Märchen** 6, die in kleinen, verwunschenen Häuschen zu finden sind, ganz am Anfang Dornröschen. Weiter geht es, vorbei an den rechts liegenden Gehegen mit den Muntjaks und Hirschen, zu Schneewittchen, Aschenputtel und wie sie alle heißen. Man kann sie sich alle anschauen, doch es kommt noch besser: Eine freundliche Stimme erzählt sie auch, und beim Rattenfänger von Hameln lässt sich sogar so manche Ratte blicken. Doch Halt! Gegenüber von Rotkäppchen führt noch ein Weg links rein zum **Streichelzoo** 7. Und dahinter liegt der große **Entdecke-den-Wald-Platz** 8, wo man endlich nach passivem Märchenhören selbst wieder aktiv klettern und das Innenleben von großen Holzstößen erkunden kann.

Hat man hiervon erstmal genug, kann es – noch immer im Uhrzeigersinn – weitergehen nach **Australien** 9, oder genauer, zu den Tieren des fernen *Down under:* Dingos, Wallabys, Emus und zum ›Lachenden Hans‹. Danach kommt **Südamerika** 10 an die Reihe, mit Pampashasen, Wasserschweinen und laut krächzenden Papageien, den Aras, um nur einige zu nennen. Hat man auch die Nasenbären angeschaut, taucht links am Wegesrand der **schlafende Riese** 11 auf, der sich von nichts und niemandem davon abhalten lässt, hier sein Nickerchen zu machen.

So viele Tiere und wieder nichts selber gemacht, mag mancher insgeheim denken. Doch das kann sich nun ändern, der riesige **Spielplatz** 12 zur Rechten lädt dazu ein, übersprudelnde Energien unverzüglich abzubauen. Die kann man ja dann später in der **Cafeteria** 1 bei einem Leckeis, Fritten oder Hamburger wieder auftanken. Oder im **Restaurant** 2, erkennbar an den großen Sonnenschirmen davor.

Infos
Parc Merveilleux: Route de Mondorf, Bettembourg, Tel. 51 10 48 1, www.parc-merveilleux.lu Ende März–Mitte Okt. tgl. 9.30–18 Uhr, Amazonia-Tropenhaus und Madagaskarhaus Mahajanga 11–17 Uhr. Eintritt 8 €, ermäßigt ab 5 €.

Verkehrsanbindung
Mit dem Zug von Luxemburg nach Bettembourg, dann läuft man entweder 15 Minuten zu Fuß oder nimmt den Bus 304 (Mo–Sa 2 x stdl., So 14.45 Uhr).

6 | Hinter jeder Biegung eine Burg – das ›Tal der sieben Schlösser‹

Karte: ▶ C 8–D 7 | **Ausflug** mit dem Auto, Fahrrad oder zu Fuß

Im schönen Eischtal nahe der Hauptstadt thronen sieben Burgen und Schlösser zwischen Wiesen und Wäldern. Auch Graf Siegfried, Erbauer der Lützelburg und Begründer Luxemburgs, soll hier residiert haben. Mit dem Auto lässt sich das Tal mit seinen Burgen, kleinen Dörfern und idyllischen Plätzen gemütlichen erkunden.

Die Grevenburg 1

In **Koerich**, an einem Seitenbach am Oberlauf der Eisch, liegt mitten im Ort die Ruine der **Grevenburg**. Wirich I. errichtete die Wasserburg im 13. Jh. vermutlich auf der Ruine des Fockenschlosses, in dem Graf Siegfried, Erbauer der Lützelburg und Begründer von Luxemburg, geherrscht haben soll. Reste der Mauern und des Burgfrieds der Grevenburg lassen erkennen, dass hier einst eine mächtige Festung stand, deren Gräben bei Gefahr unverzüglich geflutet werden konnten.

Auf einem Hügel oberhalb der Ruine steht von Grabsteinen umgeben die **Kirche St. Remigius**, eine der schönsten barocken Kirchen des Landes. Beeindruckend sind der kunstvoll geschnitzte Hochaltar und eine spätgotische Pietá am Kircheneingang.

Burg Septfontaines 2

Ein Stück flussabwärts an der Eisch kommt man **nach Septfontaines**. Hier speisen sieben Quellen seit altersher den Dorfbrunnen. Auf einem Bergsporn ragt trutzig die **Burg Septfontaines** empor. Im 11. Jh. errichtet, brannte sie 1779 vollständig nieder. Seit 1919 restauriert, befindet sie sich heute in Privatbesitz und ist nicht zugänglich.

Die mittelalterliche **Pfarrkirche** inmitten eines von einer alten Mauer umfriedeten Kirchhofs im Dorf ist ein kunsthistorisches Beispiel für den romanisch-gotischen Übergang: Gotische Stilelemente in den spitzbögigen Fenstern und Gewölbebögen, während der quadratische Turm über der Vierung noch romanisch geprägt ist. In den Außenmauern der Kirche deuten Steinköpfe das im Mittelalter bestehende Asylrecht des Gotteshauses an. Es beherbergt eine mit lebensgroßen Figuren gestaltete Grablegung Christi, die aus einer Einsiedlerkapelle stammt. Sie stellt den Abschluss einer Reihe von sieben verwitterten Fußfallstationen dar, die sich einst bei der Klause befanden und jetzt auf dem Friedhof die Kirche umstehen. Ein Streifzug durch den Ort führt zur **Follmühle** unten an der Eisch und zur Gässebreck, einer malerischen, 1760 errichteten **Steinbogenbrücke** über die Eisch.

Burg und Schloss von Ansembourg

In Ansembourg, einem kleinen Dorf mit nur 65 Einwohnern, thront hoch oben auf einem Felsen über dem Ort die gleichnamige **Burg** 3 (12. Jh.). Sie war dem Burgherrn im 17. Jh., Thomas Bidart II., der unten am Fluss eine Eisenschmelze betrieb, schlichtweg zu eng. Also ließ er zu Füßen der Burg ein geräumiges **Schloss** 4 bauen und zog um.

Später verfiel die Burg, doch selbst die mächtige Burgruine war so beeindruckend, dass Victor Hugo auf einer Reise durch das Land eine Zeichnung davon anfertigte. Die restaurierte Ritterburg, heute in Privatbesitz, kann nicht besichtigt werden. Auch das Schloss ist nicht fürs Publikum geöffnet, doch der Ehrenhof und der im französischen Stil angelegte Schlosspark sind für Besucher zugänglich (tgl. 10–13, 15–18 Uhr).

Man betritt den Ehrenhof durch ein imposantes Barockportal an der Seite des Schlosses, das über dem Torbogen die Wappen derer von Marchant et d'Ansembourg und de Velbrück trägt. Highlight ist die Allee mit zehn Statuen der Götter der Antike und zwei Wappen tragenden Sphinxen. Sie bilden den Endpunkt einer mythologischen Allee mit barocken Figuren aus der griechischen und römischen Mythologie.

Burg Hollenfels 5

Auf einem Plateau oberhalb des Eischtals gelegen, stoßen Sie auf die mittelalterliche Burg Hollenfels. Der mächtige Burgfried mit seinen mächtigen Zinnen und ein kleinerer Rundturm sind die einzigen Überbleibsel der 1380 errichteten Burg. Im Burgfried führen enge Wendeltreppen zu den fünf Stockwerken hinauf. Über dem großen Saal in der zweiten Etage befindet sich die Burgkapelle, deren Chor bis in das vierte Stockwerk hinaufreicht. Oben umgibt ein steinerner Wehrgang den Turm, mit Pechnasen, aus denen heißes Pech und Angreifer gegossen werden konnte. Auf Anfrage werden geführte Besichtigungen angeboten (Tel. 478 64 30).

Den Türmen gegenüber liegt der im 18. Jh. erbaute Wohntrakt, in dem seit 1949 eine Jugendherberge untergebracht ist (2, rue du Château, Tel. 30 70 37, www.youthhostels.lu, ab ca. 17 €). Der mächtige Donjon dient als Unterrichtsstätte für ein in der Burg eingerichtetes Jugend- und Ökologiezentrum. Eine Besichtigung des Turminnern ist nur an den Wochenenden während der Ferien im August möglich.

Unten im Tal stand einst das **Kloster Marienthal** 6, ein 1232 von Thierry de Mersch gestiftetes Nonnenkloster der Dominikanerinnen, von dem heute noch Teile der alten Klostermauer mit einem Turmstumpf zu sehen sind. Auf Anfrage werden geführte Besichtigungen angeboten (Tel. 478 64 30).

Burg Schoenfels 7

Abseits des Eischtals ragt in Mamer ein

Das Gutland

Die Burg Hollenfels geht auf das 14. Jh. zurück

großer Burgfried mit vier runden Ecktürmen und markanten Treppengiebeln empor, einziger, doch durchaus imposanter Rest der **Burg Schoenfels.** Alle anderen Gebäude der Festung wurden 1684 von den Franzosen geschleift.

Schloss Mersch [8]

Letzte Etappe ist **Schloss Mersch** (12. Jh.), ursprünglich nur ein Burgfried und Palas, von einer hohen Ringmauer umgeben. Im 14. Jh. wurden zusätzliche Wehrtürme erbaut und ein 11 m breiter Wassergraben ausgehoben. Mehrfach zerstört und wieder erbaut, beherbergt das Schloss jetzt das Rathaus.

Gegenüber auf dem Marktplatz steht, überdacht von einem auffälligen Zwiebelturm, der Kirchturm der abgetragenen **St. Michaelskirche.** Nach der Legende existiert er nur noch deshalb, weil die Zwiebelkuppe in Anna Pawlowna, der russischen Großfürstin und Gemahlin des niederländischen Königs und Großherzogs Wilhelms II., bei einer Durchfahrt durch Mersch heftige Erinnerungen an die Kirchen ihrer Heimat wachrief und sie um den Erhalt dieses Kirchturms bat.

Infos
Das Tal lässt sich auf drei Wegen erschließen: von Schloss zu Schloss mit dem Auto auf der kurvenreichen, dem gewundenen Fluss folgenden Chaussée, mit dem Fahrrad oder zu Fuß auf einem 41 km langen Wanderweg ›**Sentier des Sept Châteaux**‹ von Gaichel nach Mersch, www.septcha teaux.lu. Weitere Infos beim **Syndicat d'Initiative,** Mersch (im Schloss, Tel. 32 50 23-1, www.mersch.lu, Mo–Fr 8.30, 13.30–16.30 Uhr).

Päuschen am Wegesrand
Pizzeria Il Trio [1]: 3, rue du Château, Hollenfels, Tel. 30 70 39, Mi–Mo 12–14.30 und ab 18 Uhr. Kleiner Italiener, ein Steinwurf vom Schloss entfernt. Zahlreiche Pizzas (8–16 €), Pâtes (9 bis ca. 14 €) und etliches an Suppen, Fisch- und Fleischgerichten.

Junglinster

Essen und Trinken
Nouvelles Gourmades – **La Distillerie** und **Brasserie Côté cour:** 8, rue du Château, Tel. 78 78 78-1, www.bourglinster.lu, Mi–So 12–14, 18–22 Uhr, Tagesmenü in beiden Lokalen 21 €. Das romantisch im Schloss gelegene Feinschmeckerrestaurant La Distillerie zeichnet sich durch eine ebenso exquisite Küche wie deftige Preise aus. Hier führt der belgische Spitzenkoch René Mathieu, früher Küchenchef im Großherzoglichen Palais und vom Gault Millau zu »Chef de l'année 2010« gekührt, den Kochlöffel. Hervorragende Weinkarte. Gut aufgehoben ist man auch bei luxemburgischen und regionalen Spezialitäten und einem guten Wein in der rustikalen Brasserie Côté cour.

Infos und Termine
Tourist-Info: In Junglinster (s. S. 61). Der nahe gelegene Ort bietet sich auch für Übernachtungen und Einkehrten an.
Kunsthandwerksmarkt: Drittes Juniwochenende in und um die Burg Bourglinster.
Internationales Musikfestival: Sept.–Dez. Burg Bourglinster, Tel. 78 81 56, www.bourglinsterfestival.lu. Hochkarätig besetztes Festival der klassischen Musik.

Junglinster (Jonglënster) ▶ F 8

Die spätbarocke Pfarrkirche des Orts beherbergt eines der kostbarsten Kunstwerke der im 17. Jh. von den Franzosen verwüsteten Burgkapelle von Bourglinster: den vom Trierer Bildhauer Johann Manternach 1634 geschaffenen Altar. In dem spätbarocken Gotteshaus, das der berühmte österreichische Baumeister Mungenast erbaut hatte, ruhen die Gebeine derer von Linster. Besonders eindrucksvoll sind die im Chor aufgestellten Epitaphe aus dem 16. Jh.

Übernachten
Elegant – **Parmentier:** 7, rue de la Gare, Junglinster, Tel. 78 71 68, www.parmentier.lu, DZ ab 85 €. Komfortable Zimmer, elegantes Design, reichhaltiges Frühstücksbüffet, Restaurant mit traditioneller Küche und Spezialitäten der Saison.

Sport und Aktivitäten
Von Loch zu Loch – **Golf de Luxemburg:** Domaine de Belenhaff, Junglinster, Tel. 78 00 68-1, www.golfdeluxembourg.lu, tgl. geöffnet, wochentags ab 65 €, 18 Löcher. Nach einer Golfrunde, immerhin über 6 km lang, kann man sich an der Bar oder im Club-Restaurant erholen.

In die Lüfte – **Skylines Balloons:** 7a, rue de Bourglinster, Junglinster, Tel. 78 90 75, www.skylines.lu, tgl. Ballonfahrten, soweit es die Wetterbedingungen zulassen, im Frühjahr und Sommer morgens oder abends, im Herbst und Winter zu jeder Tageszeit. Überflogen werden verschiedenen Gebiete Luxemburgs, Flugdauer etwa eine Stunde. Nach der Landung findet die ›Ballontaufe‹ mit Champagner statt, und eine persönliche Urkunde gibt es auch.

Infos
Administration Communale, Junglinster: 12, rue de Bourglinster, Tel. 78 72 72-1, www.junglinster.lu, werktags 8–11.30, 13–16.30, Do bis 19 Uhr.

In der Umgebung
Larochette (Fiels) ▶ E 7
Auf der Bleech (Bleiche), dem Dorfplatz mit dem mittelalterlichen Justizkreuz, umgibt den Besucher ein Hauch von südländischem Flair, kein Wunder,

Das Gutland

stamm doch die Hälfte der Einwohner aus Portugal. Auf einem Felsvorsprung über dem Ort erinnern die Reste der einst mächtigen **Ritterburg Fels** (12. Jh.) an kriegerische Zeiten (Tel. 72 04 57, Ostern–Okt. tgl. 10–18 Uhr, Eintritt 2 €, ermäßigt 1 €).

Beaufort (Beefort) ▶ F 6

Der kleine Ort liegt mit seinen rund 2000 Bewohnern eingebettet in die romantische Wald- und Felsenlandschaft der Kleinen Luxemburger Schweiz. Attraktion ist die Schlossruine mit ihren mächtigen Türmen und Mauerresten.

Château de Beaufort
Tel. 72 04 57, April–Mai, Okt. tgl. 9.30–17.30, Juni–Sept. tgl. 9–18 Uhr, Eintritt 3 €
In einer Talsenke unterhalb Beauforts zeugen die trutzigen Reste der Burg von ihrer einstigen Größe. Sie wurde um 1200 vermutlich an der Stelle des römischen *Castellum Belforti* errichtet und über die Jahrhunderte stetig ausgebaut. Bei einer Besichtigung der Burg kommt man auch in die mittelalterliche Folterkammer mit ihren grausigen Werkzeugen. An Sommerabenden wird das Schloss festlich beleuchtet. Und bei Schlossfesten im Sommer muss reichlich von der süffigen, aus schwarzen Johannisbeeren erzeugten Likörspezialität des Ortes, dem Cassis, gekostet werden.

Übernachten
›Bikers' Inn‹ – **Hotel Binsfeld:** 1, Montée du Château, Tel. 83 60 13, www.hotel-binsfeld.com, DZ ab 45 €. Biker-Hotel, gemütlich, mit überdachtem und gesichertem Parkplatz für Motorräder.

Kleine Wellnessoase – **Hotel-Restaurant Meyer:** 120, Grand-Rue, Tel. 83 62 62, www.hotelmeyer.lu, DZ ab ca. 111 €. Ruhig und modern mit großen, hellen Zimmern, Hallenbad und Wellnessbereich, Spielplatz und großem Garten.

Im Grünen – **Camping Plage:** 87, Grand-Rue, Tel. 83 60 99-300, www.campingplage.lu, Platz 6,50 €, Erw. 5,50 €, Kinder 3 €. Im Grünen gelegener Platz. Toll: Schwimmbad mit 50-Meter-Wasserrutschbahn! Tennis, Spielplatz, Chalet und drei Wanderhütten.

Essen und Trinken
Regional – **Auberge Rustique:** 55, rue du Château, Tel. 83 60 86, www.aubergerustique.lu, tgl. 12–20.30 Uhr, Lunch: *Pannekoek* ab 6 €, Quiche 9,50 €, Hauptgerichte ab 16,50 €. Feine regionale Küche, auch vegetarische Gerichte. In der Auberge kann man auch übernachten.

Sport und Aktivitäten
Planschen – **Freibad:** siehe auch Eintrag unter Camping Plage, Ende Mai bis gegen Ende Juni und Mitte Aug. bis gegen Ende Aug. Mo–Fr 13–19 Uhr, Sa, So, Fei 10–19, Ende Juni–Mitte Aug. tgl. 10–19 Uhr. Bei schönem Wetter bis 20 Uhr, Eintritt 3,50 €, Kinder 2,20 €.
Auf Schusters Rappen – **Wandern:** 60 km Wanderwege führen in die malerischen Täler von **Haupeschbach, Hallerbach** und **Sauer.** Infos zu Wanderwegen erhalten Sie im Syndicat d'Initiative Beaufort.

Infos
Syndicat d'Initiative: 87, Grand-Rue (auf dem Campingplatz Plage), Tel. 83 60 99 301, www.beaufort.lu, Mo–Fr 8–12, 13–17, April auch Sa 9–12, 13–17, Mai–Juni, Sept. auch So 9–12, Juli–Aug. tgl. 8–19 Uhr.

Echternach (Iechternach) ▶ G 6

Stattliche Bürger- und Adelshäuser, der gotische Dingstuhl, in dem einst Justitia herrschte, das mittelalterliche Gerichtskreuz und der Brunnen, einladende Straßencafés und kleine Geschäfte – der Marktplatz ist das malerische Herz der Willibrord-Stadt (5200 Einw.). Dahinter die markante Willibrord-Basilika, in der die Gebeine des Heiligen aufbewahrt werden. Dorthin pilgern in der berühmten Echternacher Springprozession, seit 2010 UNESCO Weltkulturerbe, Jahr um Jahr über 10 000 hüpfende Wallfahrer.

Dënzelt
Place du Marché
Zwei Dachtürmchen und sechs große Statuen (Temperantia, Prudentia, Justitia, Fortitudo, Salomon, Maria mit Kind) verzieren den Dënzelt, der auch Dingstuhl genannt wird. Er stammt aus dem 15. Jh., war früher Sitz des Schöffengerichts und ist heute das Rathaus. In der spätgotischen, offenen Bogenhalle im Erdgeschoß fanden die ›Jahrgedinge‹ (öffentliche Urteilsberatungen) statt, zu der alle Bürger der Stadt erscheinen mussten.

St.-Willibrordus-Basilika und Benediktinerabtei, `direkt 7l`
S. 64

Mittelalterliche Stadtmauer
Schmale, enge Gassen führen in den südlichen Teil der der Willibrord-Stadt Echternach, wo ein Teil der alten Stadtmauer mitsamt fünf Türmen erhalten ist. S. 67

Rund um den Marktplatz und Dënzelt laden im Sommer jede Menge Cafés zur Rast ein

7 | Mit dem Apostel fing alles an – Echternach, die Willibrord-Stadt

Karte: ▶ G 6 | **Kirchen- und Museumsbesichtigung**

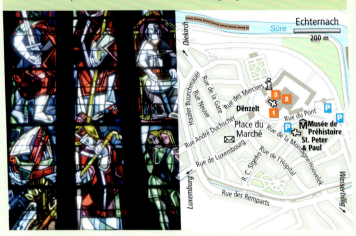

In seiner Abtei wurde früher mit Goldtinte geschrieben, seine Gebeine, einst auf dem Kirchenboden verstreut, ruhen nun in einem marmornen Prunkschrein. In der legendären Springprozession, seit 2010 UNESCO Weltkulturerbe, pilgern alljährlich Tausende hüpfend dorthin.

Hatte das Wort vom missionarischen Eifer jemals Berechtigung, dann gewiss für das Wirken des hl. Willibrord. Als der aus England stammende Mönch 690 erstmals europäisches Festland betrat, lag vor ihm eine Welt heidnischer Bräuche und geknechteter Menschen. Die Stämme der Friesen und Sachsen waren die einzigen Germanen, die sich bis dahin der Christianisierung widersetzt hatten.

In Echternach hatte Willibrord, der schon 695 zum Erzbischof von Utrecht geweiht wurde, gewissermaßen seinen Hauptsitz. 698 erhielt er hier von Irmina, der hochadeligen Äbtissin zu Oeren/Trier und Schwiegermutter Pippins II., ein großes Anwesen und errichtete ein Kloster samt kleiner Kirche. Von hier aus unternahm er seine Missionsreisen.

Als er 739 starb, war sein Missionswerk bei den heidnischen Friesen vollendet. Um die Mitte des 8. Jh. kam es zur feierlichen *elevatio corporis* (Erhebung der Gebeine), was während des 1. Jt. einer gegenwärtig erfolgenden Heiligsprechung gleichkam.

Die St.-Willibrordus-Basilika 1
Am Anfang der Tour steht die Willibrordus-Basilika, mit ihren vier mächtigen Türmen das Wahrzeichen der Stadt. Sie ist bereits die fünfte Kirche, die an die-

7 | Echternach, die Willibrord-Stadt

ser Stelle steht. Um 800 ersetzten die Mönche die von Willibrord erbaute durch eine größere, die 1016 abbrannte. Wieder errichtet, wurde sie während der französischen Herrschaft als Porzellanfabrik missbraucht. 1944 zerstörten deutsche Truppen die Basilika. Auch dieses Mal wurde sie wieder aufgebaut.

Faszinierend die glasgemalten Kirchenfenster der Seitenschiffe, in denen, vom rechten Seitenschiff beim Eingang beginnend, das Leben des hl. Willibrord dargestellt ist, ebenso beeindruckend die Holzstatue des hl. Willibrord (um 1700) rechts des unteren Altars im Chorraum.

Die Krypta stammt noch aus der Zeit der karolingischen Kirche. In den Gewölben sind wertvolle Reste von Fresken aus dem 11. Jh. erhalten. Hier befindet sich das Grabmahl Willibrords: ein schlichter merowingischer Steinsarg mit den Gebeinen des Heiligen, eingefasst in einen prunkvollen neugotischen Schrein aus Carrara-Marmor. Wenige Schritte entfernt: die Willibrordus-Quelle, die auf die Tauftätigkeit des Heiligen hinweist.

In der Willibrordus-Kapelle im linken Seitenschiff der Basilika zeigt das mittlere Bild des Triptychons eine Malerei aus dem Jahre 1605, welche die Wallfahrt zum hl. Willibrord darstellt. In der linken oberen Ecke des Bildes sieht man die erste bildliche Darstellung der Springprozession.

> **Übrigens:** Als die Echternacher Basilika 1794 am 1055. Todestag Willibrords von französischen Revolutionshorden geplündert wurde, brachen diese den Sarg des Heiligen auf und warfen seine Gebeine auf den Boden. Dort fand sie Kaplan Willibrord Meyers aus Berdorf, der stets am Sterbetag seines Namenspatrons nach Echternach kam, las sie auf und brachte sie in Sicherheit. Sie befinden sich heute in einem prunkvollen Marmorschrein in der Krypta der Basilika.

Die Springprozession – hier wird sie dokumentiert

Am Ende des linken Seitenschiffs kommt man zum **Dokumentationszentrum** über die Springprozession – und findet sich gleich nach dem Eintritt dem monumentalen Bild »Sprangpressesioun« von Lucien Simon gegenüber. Er hat es für die Weltausstellung 1937 in Paris gemalt. Wer alle Details über die in ihrer Art weltweit einzigartigen Prozession erfahren möchte – über die Geschichte, den Verlauf, den Pilgerschritt und die Bedeutung der Prozession – hier ist er richtig!

Prozession Dansante – die Echternacher Springprozession

Pfingstdienstag, in aller Früh, versammeln sich Pilger aus Luxemburg und den umliegenden Ländern, darunter Kardinäle, Bischöfe und Prälaten, im Hof der ehemaligen Abtei zur Prozession. Wenn diese sich in Gang setzt, sind es über 10 000, allen voran 1000 Sänger, die Litanei des hl. Willibrord auf den Lippen. Ihnen folgen die Springer, die sich hüpfend und seitlich in Reihen zu fünft mit Taschentüchern festhaltend zu einer mittelalterlichen Polka fortbewegen. Langsam zieht die Prozession durch die Stadt zur Basilika mit dem Grabmal des hl. Willibrord.

Die Wurzeln des sonderbaren Spektakels liegen im Dunkeln. Vom Veitstanz ist die Rede, von Wallfahrtsgelübden, zum Dank für die Befreiung von Epilepsie, und vom hl. Willibrord, der das Springen als Strafe selbst verfügt haben soll. Jeder darf an der Prozession teilnehmen, wenn er es aus religiösen Motiven tut, als Sänger, als Betender oder als Springer. Allerdings darf man sich nicht eigenmächtig

Das Gutland

Zentrum vom Echternach ist die Willibrordus-Basilika mit der Benediktinerabtei

in den Zug einreihen, sondern muss sich vor Beginn der Prozession auf dem Abteihof einfinden, wo man sodann bei den Einzelpilgern eingereiht wird.

Mit Goldtinte geschrieben

Die ehemalige, im Jahr 698 von Willibrord gegründete **Benediktinerabtei** 2 neben der Basilika spiegelt den einstigen Wohlstand des Klosters wider. 1727 ließ der Abt die alte Abtei durch Gebäude im Stil fürstlicher Residenzen ersetzen – von den besten Architekten Europas. Daher die verschiedenen Stilrichtungen wie das im Maria-Theresia-Stil mit großzügiger Freitreppe und Dreiecksgiebel versehene Haupthaus und der an die schlichte Art lothringischer Schlosshöfe erinnernde Innenhof.

Berühmt war aber auch die Schreibschule der Abtei, oft lieferte sie auf Bestellung des Kaiserhauses kostbare Handschriften. Einen Eindruck von der Schreib- und Druckkunst der Mönche vermittelt das **Abteimuseum** 3 mit Werken wie dem berühmten *Codex Aureus*, einem mit Goldtinte geschriebenen Evangeliar aus dem 11. Jh. Leider verfügt die Sammlung nur über – allerdings hervorragende – Reproduktionen, die Originale verschwanden mit der Auflösung des Klosterbetriebs in die großen Museen und Bibliotheken ganz Europas. Das wertvolle Willibrord-Evangeliar, das der Mönch aus Irland mitbrachte, liegt seit der Französischen Revolution in der Pariser Nationalbibliothek.

Infos

Dokumentationszentrum: Tgl. von 10–12, 14–18 Uhr, außer während der Gottesdienste an Sonn- und Feiertagen oder sonstigen liturgischen Feiern (Begräbnis- oder Pilgermessen), Eintritt frei.

Abtei und Abteimuseum: 28, rue de la Montagne, Ehrenhof der früheren Abtei, Tel. 72 74 72, www.willibrord.lu, März–Mai, Okt. tgl. 10–12, 14–17, Juni, Sept. tgl. 10–12, 14–18, Juli–Aug. 10–18 Uhr, Eintritt 3 €, ermäßigt 1,50 €.

Echternach

Pfarrkirche St. Peter und Paul

Die im 10. Jh. auf einem Hügel errichtete Kirche diente nicht nur dem Gebet. Wenn in Kriegszeiten die Sturmglocke den Feind ankündigte, begaben sich die Menschen in die von Wehranlagen umgebene Kirche. Hier gab es sogar Wasser: aus einem Brunnen, den schon die Römer angelegt hatten. Das sorgsam restaurierte Gotteshaus bewahrt den hölzernen Sarg, in dem einst die Gebeine des Heiligen Willibrord ruhten.

Museum für Vorgeschichte

4A, rue du Pont, Tel. 72 02 96, April–15. Nov. Di–So 10–12, 14–17; Juli–Aug. tgl. 10–17 Uhr, Eintritt 1 €, ermäßigt 0,50 €

Die Ausstellungen im ›Hihof‹ widmen sich der Menschheitsgeschichte, dargestellt anhand von Gegenständen wie altem Werkzeug verschiedener Kulturen. Außerdem dem Echternacher Porzellan, das nach der Französischen Revolution in der Abtei und der Basilika hergestellt wurde.

Römervilla und Didaktisches Museum über das Leben der Römer

Palais Romains, Tel. 72 02 96, Karfreitag–Juni, Sept. Di–So 11–13, 14–17, Juli, Aug. 11–18 Uhr, Eintritt 3 €, ermäßigt 1,50 €

Mosaikfußböden, Marmortäfelung, Springbrunnen, Badeanlagen, Säulenhallen, Fußbodenheizungen – die Reste eines römischen Gutshofs aus dem 1. Jh. zeigen es: Die alten Römer wussten, wie man schöner wohnt. Im Museumspavillon werden zudem multimediale Einblicke in den Alltag der Römer, deren Musik und Sprache vermittelt.

Übernachten

Fünf-Sterne-Luxus – **Eden au Lac:** Oam Nonnsees, Tel. 72 82 83, www.edenaulac.lu, DZ ab 132 €. Luxus pur in riesigem Park und mit schöner Aussicht auf Echternach. Inklusive Feinschmeckerrestaurant.

Tolle Lage – **Hotel du Commerce:** 16, place du Marché, Tel. 72 03 01, www.hotelcommerce-echternach.lu, April–10.11., DZ ab 73 €. Direkt am Marktplatz, 44 Zimmer, klassische Einrichtung, Fitnessraum und Sauna, schöner Garten mit Kinderspielplatz.

Viel Komfort – **Hôtel de la Sûre:** 49, rue de la Gare, Tel. 72 94 40, www.hoteldelasure.lu, DZ ab 70 €. Nettes Hotel mit 21 modern eingerichteten Zimmern, darunter sechs sehr geräumige Luxuszimmer. Große Sonnenterrasse. Im Restaurant im Westernlook werden saftige Steaks, Gegrilltes und einheimische Köstlichkeiten serviert.

Wohnen wie im Mittelalter – Fast jedenfalls, denn in den **Ferienwohnungen** in den vier **restaurierten Wachtürmen** an der historischen Stadtmauer von Echternach braucht niemand nachts mit der Laterne die Latrine suchen – die Türme sind modern bis luxuriös eingerichtet. Für 4–6 Personen, ab 450 €/Woche, Info und Reservierung: Tourist Info, www.echternach-tourist.lu.

Camping – **Officiel:** 5, route de Diekirch, Tel. 72 02 72, www.echternach-tourist.lu, April–Okt. Stellplatz 6,50 €, Erw. 5,30 €, Kind 3 €. Offizieller Platz des Verkehrsvereins, 10 Min. vom Stadtkern gelegen. Am Waldrand auf zehn begrünten Terrassen, drei separate Zonen: für längere Aufenthalte, für junge Leute mit Zelt, für Wohnwagen. Es gibt ein beheiztes Freibad und weitere Sporteinrichtungen.

Essen und Trinken

Pizza und Pasta – **Giorgio:** 4, rue André Duchscher, Tel. 72 99 34, tgl. 12–14, 18–23 Uhr; Nov.–März Di geschl., Pizza ab ca. 5 €, Pasta ab ca. 8

Das Gutland

Abendstimmung in Echternach

€. Italiener mit Außenterrasse und romantischem Kellergewölbe.
Schöner Ausblick – **Parnass:** 7, place du Marché, Tel. 72 94 83, www.hotelbasilique.lu, tgl. 18–21, Sa, So, Fei auch 12–14, Brasserie tgl. 12–14, 18–21 Uhr. Hauptgericht ab 15 €. Knackige Salate, luxemburgische Spezialitäten und etliches mehr. Die Sommerterrasse mit Blick auf den Dënzelt ist besonders schön.

Ausgehen
Kino – **Sura:** 18, rue de la Montagne, Tel. 72 88 78, www.cinesura.com. Schon 1919 gab es hier ein Kino, heute werden aktuelle und Sonderprogramme gezeigt, im Sommer auch open air.

Sport und Aktivitäten
Aktiv am See – **Freizeitzentrum um den Echternacher See:** Chemin vers Rodenhof. Fischen, Segeln, Minigolf, Windsurfing, Paddel-und Tretboote, Inlineskating, Kinderspielplätze, Kletterwand.

Total abenteuerlich – **Adventure Island:** Hochseilgarten am Echternacher See, Chemin vers Rodenhof, Tel. 72 01 58, www.adventure-island.lu, Action Run: Erw. 20 €, bis 16 Jahre 18 €, Familie (2 Erwachsene, 2 Kinder) 65 €. Fun und Action im bis zu 10 m hohen Seilgarten, für abenteuerlustige Einzelpersonen, Familien und Gruppen.

Infos und Termine
Office du Tourisme: 9, Parvis de la Basilique, Tel. 72 02 30, www.echternach-tourist.lu, Mo–Fr 9.30–17.30, Sa, Fei 10–16, So 10–12 Uhr.
Festival International Echternach: Das Jahr über, www.echternachfestival.lu. Mit hochkarätigen Musikern besetztes Klassik-und Jazz-Festival, für das die Basilika, die Pfarrkirche St. Peter und Paul und das Trifolion festliche Rahmen und beste Akustik bieten.

In der Umgebung
Die Kleine Luxemburgische Schweiz, `direkt 8` ▶ S. 69

8 | Zu Perekop und Hohllay – in der Kleinen Luxemburger Schweiz

Karte: ▶ F/G 6 | **Wanderung** ab Echternach

Westlich von Echternach hat das Wasser der Schwarzen Ernz und ihrer zulaufenden Bäche tiefe Schluchten in den Sandstein gewaschen, zu deren Seiten sich mächtige Felsformationen auftürmen. Schmale, von bizarren Gesteinsbrocken, Klüften und Grotten gesäumte Wanderwege laden ein, die Landschaft zu entdecken.

Startpunkt der Wanderung ist beim **Echternacher Busbahnhof** (Parkmöglichkeit). Auf dem Wanderweg E1 geht es hinauf auf den Hügel **Trooskneppchen** 1, von dem man eine herrliche Aussicht auf Echternach hat. Nach einiger Zeit durchlaufen wir die **Wolfsschlucht** 2, in deren zerklüfteten Felsspalten sich einst Wölfe herumgetrieben hatten. Allerlei Steingewächs hat sich hier in den Nischen und Ritzen festgesetzt, Flechten verbreiten sich auf den verwitternden Brocken.

Ein Stück weiter folgt der Weg dem **Aesbach** und führt durch das **Labyrinth** 3, eine Ansammlung von Felsbrocken, zwischen denen man sich aber kaum verlaufen wird. Am **Perekop** 4, einer riesigen Felsformation auf der anderen Seite der am Bach verlaufenden Straße, kann, wer fit ist, den Fels über enge Treppen ersteigen. Von hier geht es wieder zurück an den Aesbach und weiter auf dem Wanderweg E1 bis zur **Hohllay** 5, einem riesigen ausgehöhlten Felsbrocken, in deren Grotten einst Mühlsteine für die zahlreichen Mühlen dieser Gegend herausgebrochen wurden. Noch jetzt sieht man hier die kreis-

Das Gutland

Die Hohllay ist ein ausgehöhlter Felsbrocken

runden Ausschnitte in den Felsen. Die Methode war so einfach wie raffiniert: Zunächst meißelten die Steinbrecher eine kreisförmige Rinne rund um den Stein. Dort hinein legten sie Holzstücke und brachten diese mit Wasser zum Quellen. Der enorme Druck des quellenden Holzes löste den Mühlstein in einem Stück aus der Wand – meistens jedenfalls. Denn der abgebrochene Stein eines halben, in der Wand zurückgebliebenen Mühlsteins zeigt, dass es nicht immer geklappt hat.

Hinter der Hohllay geht es Treppen hinauf, bis sich links das **Amphitheater** öffnet, eine Felsgrotte, in der im Sommer gelegentlich Aufführungen stattfinden. Ein Stück weiter gabelt sich der Weg, links (grünes Dreieck auf weißem Grund) geht es nach **Berdorf** 6, rechts zurück Richtung Echternach (E1).

Rückweg nach Echternach

Folgen Sie dem Wanderweg E1 nach Osten. Nach 500 m wird eine asphaltierte Straße überquert und der Weg E1 setzt sich in Richtung Norden fort und verläuft, nachdem er den Halsbach überquert, in einer Spitzkehre nach Süden in die Nähe des Perekop. Von der **Geyerslay** 14, einem hohen Felsen mit Aussichtsplattform, hat man eine schöne Sicht. Ein Stück weiter geht es auf dem Wanderweg E1 nach Echternach zurück. Oder man folgt dem Aesbach (E4) bis zur Sauer und wandert am Fluss entlang nach Echternach.

Vier Götter in der Kirche von Berdorf

Wer weiter nach **Berdorf** 6 möchte – dort gibt es ausgezeichnete Einkehrmöglichkeiten – folgt den Schildern mit dem grünen Dreieck auf weißem Grund bis in den Ort. Zu Römerzeiten stand hier der **Gutshof Beronisvilla,** wovon sich der Ortsname ableitet.

Vier heidnische Götter zieren einen Sandsteinquader, auf dem, zum Kuriosum christlich-abendländischer Kultur, der Altar der **Pfarrkirche von Berdorf** ruht. Herkules, in Löwenhaut und mit Keule (Kraft und Tugend) auf der einen, Apollo (Gott des Lichts und der Musik), den Fuß auf ein Hirschkalb gestellt, mit Kithara und Bogen auf der anderen Sei-

8 | Zu Perekop und Hohllay

te des behauenen Felsbrockens. Den griechischen Göttern stehen die altitalienische Göttin der Weisheit, Minerva, und die Götterkönigin Juno mit Pfau, gegenüber.

Als Sockel einer Jupitersäule, welche die Römer zwecks Ableitung allen Unheils auf die höchste Stelle beim Gutshof Beronisvilla errichtet hatten, stand der »Römische Viergötterstein« am Platz der heutigen Kirche. In dem Gotteshaus hatten die Erbauer des Altars die Orientierung – Juno hätte nach der heidnischen Ordnung nach Osten zu blicken – jedoch sträflich missachtet, was mehr als 120 Jahre danach zum Konflikt führte. 1957 wurde der Streit durch den »richtigen Dreh« am Altarsockel beendet.

Die große Runde

Von Berdorf führt der Wanderweg (grünes Dreieck auf weißem Grund) nach Nordwesten in die Felsenschlucht des **Roitsbachtals** und setzt sich zu Füßen des märchenhaften **Roitsbachmassivs** fort. Wer genug Puste hat, kann jetzt die geheimnisvollen Schlüffe und die **Räuberhöhle** 7 erkunden, per Eisenleiter zum **Adlerhorst** 8 aufsteigen oder nach atemberaubenden Aufstiegen auf das Roitsbach-Plateau oder die **Teufelsinsel** 9 faszinierende Aussichten genießen. Durch die Totenkammer geht es zurück auf den Weg (grünes Dreieck auf weißem Grund), der alsbald einen alten Römerweg quert. Gut 600 m weiter kommen Sie zum **Wanterbach,** dem alpinen luxemburgischen Kletterparadies, das sich bis zu den Siebenschlüff erstreckt, und nach weiteren 500 m zum Aussichtspunkt **Kasselt** 10. Folgen Sie nun Wanderweg B8, der etliche weitere bizzare Felsengebilde wie die **Kalekapp** 11 und den **Rammelay** 12 passiert.

In den großen Wäldern läuft Ihnen mit etwas Glück vielleicht ein Dachs oder Marder über den Weg. Vom **Birkelt** 13, einem hohen Felskopf, hat man eine schöne Aussicht auf **Schloss Weilerbach** (Deutschland), einst Sommerresidenz der Echternacher Abtei, sowie auf das Sauertal und Echternach mit der Abtei und Basilika. Vorbei an der **Geyerslay** 14, einem weiteren Aussichtspunkt, geht es zurück nach Echternach.

Infos
www.mullerthal-trail.lu
Karte: Region Müllerthal (1:25 000), bei der Tourist Info Echternach s. S. 68.
Echternach–Berdorf: E1, 6 km
Berdorf–Echternach: B8/ E1 8,5 km

Hinweis
Sie können die Wanderung an mehreren Stellen abbrechen und mit dem Bus nach Echternach zurück fahren:
Ab Berdorf: Linie 111, 9–20 Uhr stdl.
Ab Grundhof: Linie 414, ca. 9.42–19.42, alle zwei Std. Der Bus hält wenige Minuten später auch in Bollendorf-Pont und Weilerbach (Fahrpläne: www.horaires.lu).

Einkehrmöglichkeiten
Hôtel Pérékop 1: 99, rue de d'Echternach, Ostern–Mitte Nov. 12–14, 18–20.30 Uhr. Ein Steinwurf abseits der Route, aber bestens geeignet für eine Rast, bei der man sich in der Gaststube oder auf der Terrasse bei Pizza (ab 7 €), Pommes (2,80 €), Omelette (5,80 €) und derlei stärken kann.
Hôtel Kinnen 2: Rue d'Echternach, Berdorf, Ostern–Mitte Nov. tgl. geöffnet. Ob mit Tagessüppchen, Omelette oder Königspastetchen (5–13 €) in der rustikalen Wirtsstube oder im Wintergarten, beim ausgiebigen Tagesmenü (24 €, ohne Vorspeise 18 €) – hier kann man eine Pause genießen.

Das Ösling

Ettelbruck (Ettelbréck)
▶ D 6

Ettelbruck (von indo-germanisch *Atilbriga* für ›fruchtbare Erde‹) an der Sauer wurde während der Ardennenschlacht fast völlig zerstört. Dem Befreier Luxemburgs, US-General Patton, gedenkt man hier mit einer Bronzestatue und einem Museum. Heute ist das an der Naht zwischen Ösling und Gutland liegende freundliche Städtchen (7700 Einw.) das viel besuchte, größte Einkaufszentrum des Luxemburger Nordens. Ettelbruck wird nicht umsonst die ›Pforte der Ardennen‹ genannt, von hier führen die Wege in die schönsten Gegenden des Landes.

Musée Patton (General Patton Memorial Museum)
5, rue Dr. Klein, Tel. 81 03 22, www.patton.lu, Juni–15.Sept. tgl. 10–17, sonst So 14–17 Uhr, Eintritt 5 €, ermäßigt 3 € Das nach US-General George S. Patton, dem Befreier Luxemburgs, benannte Kriegsmuseum erinnert mit zahlreichen Militaria, Dokumenten und Fotos an die schreckliche Zeit des Zweiten Weltkriegs. Tragisch: Der General, der alle Schlachten bei der Befreiung Europas überstand, kam 1945 bei einem Autounfall bei Heidelberg ums Leben und wurde auf eigenen Wunsch inmitten seiner gefallenen Soldaten auf dem amerikanischen Soldatenfriedhof in Luxemburg-Hamm beigesetzt.

Übernachten
Gute Wahl – **Hotel Central:** 25, rue de Bastogne, Tel. 81 21 16, www.hotelcentral.lu, DZ ab 75 €. Im Herzen der Stadt. Elf geräumige, komfortabel und modern ausgestattete Zimmer. Im Restaurant Le Châteaubriand im ersten Stock serviert man französische und luxemburgische Spezialitäten (Hauptgericht ab 21 €), im Erdgeschoss: Brasserie Les Arts – ausgesprochen gemütlich (Hauptgericht ab 15 €).
Schöne Anlage im Grünen – **Camping Kalkesdelt:** 88, chemin du Camping, Tel. 81 21 85, www.ettelbruck.info.lu, April–Okt. Stellplatz 8 €, Erw. 6 €, Kinder 2,60 €. Moderne, terrassenförmige Anlage mit schönem Panorama, Spiel- und Sportgelände, Animationsprogramm.

Essen und Trinken
Stylish – **Bianco Nero:** 27, rue Prince Henri, Tel. 26 81 08 38, Di–Fr, So 11.30–14, Di–So 18.30–22 Uhr. Salate und Pizzas ab ca. 10 €. Weißer Stuhl für die Dame? Schwarzer für den Herrn? Die kleinen, intimen Tischchen sind jeweils damit bestückt. Französisch-italienische Küche, große À-la-carte-Auswahl an Fisch, Fleisch und Pizzas. Das *Filet de bœuf Bianco Nero* kommt mit drei Soßen.

Infos
Syndicat d'Initiative: 5, rue Abbé Muller, Tel. 81 20 68, www.ettelbruck-info.lu, Mo–Sa 13.45–17.15, Mi–Sa auch 10–12.15 Uhr.

Diekirch

Diekirch (Dikrech) ▶ E 6

Das Städtchen (6300 Einw.) an der Sauer und am Rand des Deutsch-Luxemburgischen Naturparks ist ein viel besuchter Ausflugsort. In der Fußgängerzone im Zentrum laden attraktive Geschäfte zum Bummel ein, der gern in einem der zahlreichen Cafés oder Restaurants bei einem kühlen ›Diekirch‹, dem Bier der ortsansässigen Brauerei, unterbrochen wird. Oder beim Eselsbrunnen, einem bronzenen Bierfass, auf dessen Rand drei lustige Esel tanzen. Damit hat man den zum Symbol der Stadt erhobenen beharrlichen Grauen, die hier früher in den Weinbergen schufteten, ein Denkmal gesetzt.

Alte St. Laurentius Kirche
Place Bech, tgl. 10–12, 14–18 Uhr
Das Gotteshaus wurde auf den Resten einer römisch-frühchristlichen Kultstätte errichtet, deren Mauern noch heute die Krypta begrenzen. Im 5. Jh. entstand die vorromanische ›Diet Kirch‹ (›Volkskirche‹), die namengebend für die Siedlung war. Deren Mauerreste wiederum dienten als Fundament einer romanischen Kirche, der das heutige gotische Gotteshaus folgte. Bei der Restaurierung der **Vieille Église** fand man auch einen unterirdischen Kirchhof, der heute für Besucher zugänglich ist. Er birgt 20 römische Steinsärge und 17 zum Teil ganz ummauerte Gräber. Kurios: Ein Sarkophag hat einen Glasdeckel und bei zwei Sarkophagen handelt es sich um Teile einer römischen Wasserleitung, die vorne und hinten mit Pfropfen verschlossen wurden. Schön sind die gotischen Fresken aus dem 16. und 17. Jh. im Innern der Kirche.

Conservatoire Nationale de Véhicules Historiques
20, rue de Stavelot, Tel. 26 80 04 68, www.cnvh.lu, Di–So 10–18 Uhr, Eintritt 5 €, ermäßigt 3 €
Versammlung blitzblank polierter Oldtimer-Automobile in einer ehemaligen Kutschenfabrik mit schöner Jugendstilfassade. Im ersten Stock zu besichtigen: Alles, was zur Herstellung von Bier gebraucht wird.

Museum der Römischen Mosaiken
Place Guillaume, Ostern–Okt. tgl. 10–12, 14–18 Uhr, neues Museum im Bau, Eröffnung bei Redaktionsschluss voraussichtlich Ende 2010
Reste einer galloromischen Villa aus dem 3. Jh. mit Hypokaustum (Fußbodenheizung) und prächtigen Fußbodenmosaiken, die bei Straßenarbeiten im Bereich der heutigen Esplanade gefunden wurden, sind Zeugnisse der römischen Vergangenheit des Orts.

Musée National d'Histoire Militaire
10, rue Bamertal, Tel. 80 89 08, www.mnhm.lu, tgl. April–Okt. 10–18, Nov.–März 14–18 Uhr, Eintritt 5 €, ermäßigt 3 €
Beeindruckende Dioramen zu den Ereignissen um die Rundstedt-Offensive, in der die Deutschen 1944/45 nach der Befreiung Luxemburgs durch die Amerikaner nochmals in die Ardennen vordrangen und unter großen Verlusten auf beiden Seiten zurückgeschlagen wurden.

Übernachten
Klein und gemütlich – **Hotel de la Gare:** 73, av. de la Gare, Tel. 80 33 05, DZ 82 €. Gegenüber dem Bahnhof, die Zimmer einfach, aber mit Charme. Restaurant mit französisch-luxemburgischer Küche, Menü ab 15 €. Terrasse mit Blick auf die Sauer, sommertags Treff einheimischer Gäste. Biker können ihre Maschinen in die Garage stellen.
Komfortabel – **Hotel du Parc:** 28, av. de la Gare, Tel. 80 34 72-1, www.hotel-

Das Ösling

du-parc.lu, Mitte Jan.–Mitte Dez., DZ ab 88 € Nahe der Sauer, 100 m vom Zentrum. 40 komfortable Zimmer, Parkplatz, Kanuverleih. Restaurant mit luxemburgisch-französischer Küche.

Essen und Trinken
Bella Italia – **L'Acquario:** 18, rue St.-Antoine, Tel. 80 87 18, tgl. 12–14, 18–22.30 Uhr. Pizzas ab ca. 6 €. Antike Statue und Säule, schöner, zweigeteilter Speisesaal mit Arkade. Pizzas, Pasta und alles, was man sich von einem Italiener verspricht.

Ausgehen
Movies – **Ciné Scala:** 31, rue Jean l'Avengle, Tel. 80 31 29.

Sport und Aktivitäten
Mit Paddel und Pedale – **Outdoor Centre:** 10, rue de la Sûre, Dillingen, Tel. 86 91 39, www.outdoorfreizeit.lu. Verleih von Mountainbikes (ab 15 €) und Kanus (ab 12,50 €), bei Hochwasser Raftingtouren.
Schwimmen – **Hallenschwimmbad:** Rue J. Merten, Tel. 808 78 05 30, Mo 17–19.30, Di, Do 15–19.30, Mi 17–19.45, Fr 16–19.45, Sa 14–17.45, So 7.30–11.45 Uhr.

Infos und Termine
Syndicat d'Initiative: 3, place de la Libération, Tel. 80 30 23, www.diekirch.lu, Mo–Fr 9–12, 13–17, Sa 14–16, Juli/Aug. Mo–Fr 9–17, Sa 10–16 Uhr.

In der Umgebung
NaturErlebnisPark Diekirch ▶ E 6
Zwischen der Sauer und dem Deiwelselter (Teufelsaltar)
Zu den Attraktionen des Parks zählen eine Vogelstimmenorgel, eine Baumplattform, schottische Hochlandrinder und – ganz im Zeichen Diekirchs – Esel. Ferner gibt es Obstplantagen mit mehr als 100 neuen Bäumen, von denen die traditionellen Früchte der Region stammen (Kostproben der Früchte sind möglich). Auf dem Naturerlebnis-Pfad widmen sich zwölf interaktive Stationen Themen der Natur, des Wassers, Tieren und Pflanzen.

Vianden (Veianen) ▶ E 5

Victor Hugo und Edmond de la Fontaine, die berühmten Meister der Feder, waren von ihr fasziniert, von ›Vianden, der Perle der Ardennen‹. Das malerische Burgstädtchen mit seinen schönen sandfarbenen Häusern, den schmalen gepflasterten Gassen, den Resten der alten Ringmauer mit ihren Türmen und der stolzen mittelalterlichen Hofburg liegt wie ein Schmuckstück im dicht bewaldeten Tal der Our. Kein Wunder, dass sich zu den 1600 Einheimischen übers Jahr noch einmal gut 200 000 Besucher gesellen.

Burg Vianden
direkt 9 ▶ S. 75

Veiner Musée
96–98, Grand-Rue, Ostern–Okt. tgl. 11–17 Uhr, Vor- u. Nachsaison Mo geschl., Eintritt 2,50, ermäßigt 1,50 €
Bei Betreten des Museums steigt der Duft frischen Brots in die Nase, kein Wunder, widmet sich ein Teil des Museums doch dem Bäckereihandwerk. Und im Haus nebenan werden 1000 Jahre spannende Geschichte Viandens illustriert.

Musée littéraire Victor Hugo
37, rue de la Gare, Tel. 26 87 40 88, www.victor-hugo.lu, Di–So 11–17 Uhr, Eintritt 4 €, ermäßigt ab 2,50 €
Bei einem Aufenthalt in Brüssel bot Victor Hugo (»Der Glöckner von Notre Dame«, »Die Elenden«) Verfolgten der ▶ S. 78

9 | Die Schönste im ganzen Land – die Hofburg Vianden

Karte: ▶ E 5 | **Anfahrt:** vom Ortszentrum Vianden 500 m zu Fuß

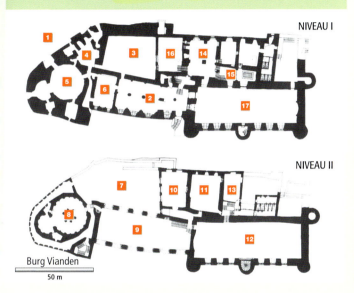
Burg Vianden

Nicht grundlos wird sie auch Schlossburg genannt. War die von Waffen und Wehren strotzende Feste doch ein Ort, an dem man zu leben wusste: Noch jetzt können Sie im Byzantinischen Prunksaal von rauschenden Ballnächten träumen und die Größe des Weinkellers lässt ahnen, dass man dem Rebsaft nicht abgeneigt war.

Vielleicht schauen Sie sich, bevor Sie sich in die Burg begeben, diese zunächst von außen an. Eine besonders reizvolle **Panoramasicht** bietet ein kleiner Parkplatz, der südwestlich der Burg an der Route du Diekirch liegt. Von hier gelangen Sie auf der gleichen Straße in den Ort, biegen in einer engen Rechtskurve links in die Montée du Chateau ein und können oben wenige hundert Meter von der Burg entfernt parken (mit Ticket!).

Den Fußweg hinauf und durch vier Tore, das letzte mit Fallgitter, und man steht im **Burghof** 1 . Von hier hat man eine herrliche Aussicht in das Our-Tal und auf Vianden. Links führt eine Treppe zum romanischen Prunkportal in den **Kleinen Palas** (Ende 12. Jh.). Im kreuzgewölbten **Waffensaal** 2 mit der sich hinten anschließenden kleinen **Ritterstube** (s. u.) verdeutlichen glänzende Rüstungen, Ringelpanzerhem-

Das Ösling

Schon von Weitem beeindruckt die ›Schlossburg‹ Vianden

den, Lanzen, Hellebarden und Kampfsensen, womit sich die Rittersleut' einst Angreifer vom Halse hielten, sollten diese in die Festung eingedrungen sein.

Die Burg wurde im Laufe der Jahrhunderte etliche Male erweitert. Einen Überblick über ihren Aufbau zu bekommen, ist nicht ganz einfach. Dabei hilft ein Blick in die **Archäologische Krypta** 3, wo anhand von Modellen und Ausgrabungsfunden der Werdegang der Festung studiert werden kann.

Ein bisschen Geschichte

Die alten Gemäuer der Burg reichen bis zu den Karolingern zurück, man hat sogar Spuren eines römischen Kastells entdeckt. Unter den mächtigen Grafen von Vianden wurde die Burg im 12. und 13. Jh. zu einer der schönsten Feudalresidenzen ausgebaut. 1417 kam die Burg an das Haus Oranien-Nassau – von da an ging es bergab. 1820 ersteigerte ein Spekulant das heruntergekommene Bauwerk, ließ große Teile abreißen und verkaufte Dachziegel und Steine. Das Volk war entrüstet, und so kaufte König Wilhelm I. die Ruine wieder zurück. Jetzt gehört die Burg dem Staat Luxemburg, der sie aufwendig restaurieren ließ.

Nichts erinnert daran, dass der stark mit Beton stabilisierte, kleine Raum nebenan einst eine **Küche** 4 war. Durch sie hindurch gelangt man in den unteren, ebenfalls mit viel Beton gefestigten **unteren Kapellenraum** 5. In der dem hl. Antonius geweihten Kapelle nach Art einer zweistöckigen Pfalzkapelle wurde die Trennung von Herrschaft und Volk durch eine bemerkenswert simple bauliche Konzeption vollzogen. Sie nahmen in zwei getrennten, übereinander liegenden Räumen an den Messen teil: in der ursprünglich prachtvoll ausgemalten, oberen Kapelle zelebrierten Adel und Klerus, während Volk und Gesinde in der schlichten, romanischen Unterkapelle dem lauschten, was durch eine eigens hierzu belassene Öffnung in der Decke zu ihnen drang.

Durch die **Ritterstube** 6 geht es zurück in den Waffensaal, von dem eine Holztreppe hinauf zur **Burgterrasse**

9 | Burg Vianden

7 führt. Von dort gelangt man durch einen Rundgang in die **obere Burgkapelle** **8**. Dieses Schmuckstück mittelalterlicher Baukunst zeichnet sich durch kunstvolle Säulenbündel und eine außergewöhnliche Form des Gewölbes aus. Die Farben sind übrigens ganz wie früher. Man hat bei der Restaurierung Farbreste auf den Steinen angerührt gefunden, diese analysiert und entsprechende Farben angesetzt.

Für rauschende Ballnächte
Nebenan befindet sich die **Byzantinische Galerie** **9** mit ihren vollendet schönen Kleeblattfenstern – ein Festsaal. Im Saal im Stockwerk darüber, dem **J.-P.-Koltz-Saal**, gewidmet dem Burgenforscher Jemmy Koltz, wird der Ablauf der Restaurierungsarbeit der Burg gezeigt, u. a. anhand prächtiger Burgenmodelle. Früher diente der Saal übrigens als Speicher für das als ›Zehnt‹ angelieferte Korn. Ebenso der benachbarten **Charles-Arendt-Saal** über der Kapelle. Er ist dem Staatsarchitekten gewidmet, dem die Restauration der Burg zu verdanken ist. Unzählige Fotos und Porträts an den Wänden zeigen prominente Besucher der Burg und der Stadt Vianden – Victor Hugo ist auch dabei.

Die Treppe hinunter führt zum **Bankettsaal** **10**, in dem, rußgeschwärzt und mit den Wappen von Nassau und von Looz verziert, ein großer Kamin aus dem 15. Jh. und der wuchtige Eichentisch zu Blickfängen werden. Im **Schlafgemach** **11**, nebenan, dominiert wiederum das französische Baldachin-Bett.

Anfang des 13. Jh. sah man sich veranlasst, einen weiteren Anbau mit großen Festsälen zu schaffen: den außen von vier halbrunden Türmen gestützten **Großen Palas**. In ihm liegt der mit prächtigen Wandteppichen geschmückte **Vic.-Abens-Festsaal** **12**, benannt nach einem langjährigen Bürgermeister Viandens. Nebenan, im **Stammbaumzimmer** **13** werden die Verwandtschaftsverhältnisse der Herrscher von Vianden, von Nassau und Oranien beleuchtet und ihre Wappen gezeigt.

Hightech-Küche anno dazumal
Schwere Gusseisentöpfe, Hackmesser, Käsepresse: die Arbeit in der **Herrschaftsküche** **14** verlangte eine gehörige Portion Muskelkraft. Gut dass wenigstens der große Kesselhaken schwenkbar war. Wehe jedoch, wenn mal schnell Wasser aus dem **Brunnen** **15** geholt werden musste: Er ist 53 m tief und liegt auf der einen Seite der Küche, während sich auf der anderen das mit rustikalem Mobiliar und wertvollen Gobelins ausgestattete **Esszimmer** **16** befindet.

Zum Schluss wirft man noch einen Blick in den kreuzgewölbten **Rittersaal** **17**, in dem zwei Ritterrüstungen aus Toledo den riesigen Kamin bewachen. Unter dem Saal liegt der in den Fels gehauene **Keller**, einst kühler Weinkeller. Heute wird er bei Burgfesten zur urigen Schänke.

Infos
Burg Vianden: Tgl. Jan.–Feb., Nov.–Dez. 10–16, März, Okt. 10–17, April–Sept. 10–18 Uhr, www.castle-vianden.lu, Erw. ab 6 €, ermäßigt ab 2 €.

Gelebtes Mittelalter
Festival Historique: Tel. 83 92 91, Anfang August, ca. 10 Tage. Mit Ritterspielen, Festgelagen und mittelalterlichen Klängen wird in der Hofburg die gute alte Ritterzeit heraufbeschworen. **Mittelalterlicher Weihnachtsmarkt:** Drittes Advent-Wochenende. Stimmungsvoller mittelalterlicher Markt auf dem Burghof und in den Sälen.

Das Ösling

blutig niedergeschlagenen Pariser Kommune öffentlich Asyl an, und zwar in seinem Haus in Brüssel. Darauf schickte sich der aufgebrachte Mob an, ihn zu lynchen. Hugo entkam der Meute, wurde jedoch des Landes verwiesen, fand in Luxemburg Asyl und lebte 1871 knapp drei Monate in diesem Haus an der Our-Brücke. Hier schrieb er mehrere Gedichte und fertigte zahlreiche Zeichnungen von Luxemburger Burgen und Landschaften an, die jetzt neben handgeschriebenen Briefen des Dichters in diesem Museum zu sehen sind. Gegenüber findet sich auf der Brückenbrüstung eine Büste Hugos von Auguste Rodin (Nachbildung). Als während Hugos Aufenthalts ein Brand zahlreiche Häuser in Vianden zu vernichten drohte, ergriff der 69-Jährige – der Bürgermeister war außer Orts – die Initiative, organisierte eine Menschenkette hinunter zum Fluss und schleppte selbst Eimer um Eimer Löschwasser zum Brandherd.

Trinitarier-Kirche
Grand-rue, tgl. 9–18 Uhr
Die zweischiffige ehemalige Klosterkirche der Trinitarier wurde ab 1248 im frühgotischen Stil erbaut. Sehenswert sind der Rokoko-Hochaltar, der Sakramentsaltar mit steinernem Renaissanceretabel, das kunstvoll geschnitzte Chorgestühl und die Kanzel. Nebenan: schöner Kreuzgang des einstigen Klosters.

Karikaturen- und Cartoon-Museum
48, Grand-Rue, Tel. 621 28 37 90, www.caricature.eu, Juni–15. Sept. Di–So 13–17 Uhr, Eintritt 4 €
Beim Betrachten der zahlreichen Werke nationaler und internationaler Künstler kommt man aus dem Schmunzeln nicht mehr raus!

Übernachten
Heimelig – **Hotel Victor Hugo:** 1, rue Victor Hugo, Tel. 83 41 60-1, www.hotelvictorhugo.lu, DZ ab ca. 75 €. 20 komfortabel, hell und stilvoll eingerichtete Zimmer, Wellnessbereich, Sauna und Solarium. Schöne Gartenterrasse. Restaurant mit Luxemburger Spezialitäten.
Tipptopp – **Hotel Heintz:** 55, Grand-rue, Tel. 83 41 55, www.hotel-heintz.lu, ab 62 €, Frühstücksbüfett 8 €/Pers. Einst war hier die Brauereistube der Trinitarier-Mönche, jetzt bietet das Haus modern eingerichtete Gästezimmer, auf der Südseite mit Balkon. Rustikale Bar, Motorradgarage, Lift. Restaurant mit französischer Küche und luxemburgischen Spezialitäten. Bei schönem Wetter werden die Mahlzeiten auch auf der Terrasse im Garten serviert.
Komfortabel – **Camping De l'Our:** 3, route de Bettel, Tel. 83 45 05, www.camping-our-vianden.lu, Ostern–Okt. Platz 5 €, Erw. 5 €, Kinder 2,50 €. Schöner Platz am Ufer der Our, große Standplätze, Lebensmittelladen, Café, Restaurant, Bade- und Angelmöglichkeiten.

Essen und Trinken
Rustikal – **Auberge Aal Veinen:** 114, Grand-Rue, Tel. 83 43 68, www.hotel-aal-veinen.lu, tgl. 12–15, 18–22 Uhr (Nebensaison Di geschl.). Speisen ca. 10–26 €. Handfeste Spezialitäten kommen hier vom Holzkohle-Grill – kein Wunder, war das direkt an den Fels zu Füßen der Burg gebaute Haus doch früher die Schlossschmiede. Urig-gemütliche Atmosphäre in rustikalem Ambiente.
Gutbürgerlich bis modern – **Auberge de L'Our:** 35, rue de la Gare, Tel. 83 46 75, www.aubergevianden.lu, tgl. 11.30–21.30 Uhr, Hauptgericht ab ca. 12 €. Tolle Lage an der Our mit Blick auf die Brücke und schöner Sonnenterrasse direkt am Flussufer. Gutbürgerliche Küche mit moderner Note, Spezialität: warme Schlachtplatte. Auch luxembur-

Vianden

gische Gerichte wie *Judd mat Gaardebounen*.

Sport und Aktivitäten

Vianden entdecken – **Intra muros – extra muros:** Auf diesem ausgeschilderten Rundweg mit Schautafeln und einer Multimedia-Station können Sie das alte und neue Vianden entdecken – anschaulich und amüsant. Startpunkt: an der Our-Brücke. Länge 1,4 km, die man noch um 0,6 km erweitern kann. Eine Broschüre gibt es im Touristenbüro (s. u.).

Geliftet – **Sessellift:** 39, rue du Sanatorium, Tel. 83 43 23, April–Okt. tgl. 10–17(18) Uhr, im Oktober bei schlechtem Wetter geschlossen. Rauf + runter (Einzelfahrt) 4,50 € (3 €), ermäßigt 2,25 € (1,50 €). Mit dem Lift geht es 440 m hinauf auf den Belvedere – tolle Aussicht auf Burg und Stadt!

Touristisch – **Benni le petit train:** Tel. 62 12 67 141, www.benni-vianden.lu, Mai–Sept. Di–So ab 11 Uhr, Abfahrt an der Our-Brücke, Erw. 5,50, ermäßigt ab 3 €. In dem touristischen Zug auf Rädern lässt sich das Städtchen gemütlich erkunden.

Schwindelfrei und mutig – **Hochseilgarten ›Indian Forest‹:** April–Okt. tgl. 10–18 Uhr, Infos und (zwingende) Reservierung bei der Tourist-Info (s. u.), Kurzfristige Anfragen: Tel. 691 90 12 23, Erw. ab 14 €, ermäßigt ab 9 €. Kurz einweisen lassen, dann geht es auch schon auf den Parcours. 2 Stunden sollte man dafür einplanen – mindestens. Der Park liegt oberhalb des Schlosses. Vom Parkplatz beim Schloss (Ticket/ max. 5 Std.) geht man zu Fuß Richtung Schloss und folgt dann links der Straße (ca. 10 Min.) bis in den Wald ›Bildchensbësch‹. Oder: mit dem Sessellift hinauffahren und dann hinunterwandern (etwa 15 Min.).

Infos und Termine

Tourist-Info: 1a, rue du vieux marché, Tel. 83 42 57-1, www.vianden-info.lu, Mo–Fr 9–12, 13–17, Sa 10–14 Uhr. Internetzugang (1€/30 Min.)

Nur für Schwindelfreie: der Hochseilgarten Indian Forest

Das Ösling

Festival Historique: S. S. 77.
Mittelalterlicher Weihnachtsmarkt: S. S. 77.
Veiner Nëssmoort: Zweiter So im Okt. Der ganze Ort ist auf den Beinen, beim Viandener Nussmarkt. An Marktständen, auf Karren und in Läden werden frisch geerntete Walnüsse und daraus zubereitete Köstlichkeiten feilgeboten. Neben den krümeligen Varianten wie *Nësskuch, Nëssbrout, Nësstrets* und *Nësszopf,* gibt es die flüssigen: *Nëssdröpp* (Schnaps), *Nësstee, Nëssmilch, Nësswein* und *Nësslikör.*

Bourscheid (Buurschent) ▶ D 5

Kleiner bäuerlicher Ort (1300 Einw.) hoch oben auf einem Plateau, Attraktion ist die Bourscheider Burg. Das Dorf ist Ausgangspunkt für Wanderungen in die umliegende hügelige Ardennenlandschaft mit ihren zahlreichen Aussichtspunkten und beliebt bei Campingfreunden, die an der Sauer ihre Ferien verbringen.

Burg Bourscheid

Tel. 99 05 70, www.bourscheid.lu, tgl. April–15. Okt. 9.30–18, 16. Okt.–31. März 11–16 Uhr, Eintritt ab 3,50 €, ermäßigt ab 1,50 €

Nur einen Steinwurf vom Bauerndorf Bourscheid entfernt, thront auf einem Felsen 150 m über der Sauer die Bourscheider Burg, eine der größten und stattlichsten des Landes. Hier herrschten die Burgherren über weite Abschnitte des Sauertals und die angrenzenden Täler. Mächtig überragt der Burgfried die rund 1000 Jahre alte Ruine der ersten großen Burg. Im 14. Jh. wurde die Anlage durch eine Ringmauer mit wuchtigen Rundtürmen und dem Stolzenburger Haus, einem Wohn-Palast mit hohen Treppengiebeln, erweitert.

Übernachten

Rooms with view – **Belair:** Rue Buurschter-Plage, Bourscheid-Plage, Tel. 263 03 51, www.cocoonhotels.com, DZ ab 96 €. Ruhige, schöne Lage an der Sauer mit Blick auf die Burg, modernes Familienhotel, 19 gemütliche Zimmer, Wellnessbereiche. Sehr gutes Restaurant.

Aussichtsreich – **Les Laurentides:** 1 Am Buurgbierg, Tel. 99 03 58. DZ 50 €, Frühstück ab 10 €. 25 Zimmer, mit Panoramaaussicht auf die Burg.

Camping – **Du Moulin:** Buuschtermillen, Bourscheid-Moulin, Tel. 99 03 31, www.camp.lu, 15. April–15.Okt, Stellplatz ab 6 €, Erw. ab 4 €, Kind ab 2 €. An der Sauer, mit kleinem Laden und allem, außer einem Restaurant, ausgestattet.

Weitere Campingmöglichkeit – **Um Gritt:** Bourscheid-Moulin, Tel. 99 04 49, www.camp.lu, 15. April–1. Nov. Stellplatz ab 6 €, Erw. ab 4 €, Kind ab 2 €. Lang gestreckter Platz an der Sauer, mit allem Komfort, Restaurant, Wanderhütten.

Sport und Aktivitäten

Badespaß – **Bourscheid-Plage:** Auf den Wiesen an der Straße Buurschter Plage, Richtung Camping Du Moulin, kann jeder kostenlos picknicken, im Fluss baden, Abkühlung und Sonne tanken – hier ist einer der schönsten Strände an der Sauer.

Infos und Termine

Syndicat d'Initiative et de Tourisme: Camping du S.I.T., Schlasswee 17, Tel. 621 23 79 60, www.bourscheid.lu.
Burg Burscheid: Im Sommer Konzerte, Theater und Ausstellungen. Infos im Syndicat d'Initiative.

Esch-sur-Sûre

In der Umgebung
Brandenbourg (Branebuerg) ▶ E 5
Wenige Kilometer östlich jenseits der Sauer ragen die Ruinen der einst mächtigen Brandenbourg über die Dächer des verträumten Bauerndorfs. Ihre ältesten Mauern stammen aus dem 10. Jh., im 15./16. Jh. hat man sie mit einer Vorburg, Ringmauern und Türmen erweitert, sogar einen doppelstöckigen Gewölbekeller hat man in den Felsen gehauen. Leider ist die Burg nicht zu besichtigen – Privatbesitz!

Esch-sur-Sûre (Esch-Sauer) ▶ C 5

Versteckt zwischen bewaldeten Berghängen und von Osten nur durch einen Felstunnel erreichbar, liegt in einer engen, hufeisenförmigen Flussschleife der Sauer das 240-Seelen-Nest Esch-sur-Sûre: kleine, weiß getünchte Häuser zu Füßen eines Pfarrkirchleins, das sich im Schatten einer mittelalterlichen Burgruine spitztürmig behauptet. Das denkmalgeschützte Dorf ist einer der idyllischsten Orte Europas, `direkt 10` S. 82).

Übernachten
Für nette Menschen unterwegs – **De la Sûre:** 1, rue du Pont, Tel. 83 91 10, www.hotel-de-la-sure.lu, DZ ab ca. 50 €. Zu Füßen der alten Burgruine. Öko-Zimmer, anti-allergisches Zimmer, Familienzimmer und etliche mit Massagedusche, Hamam oder Whirlpool – die 24 Gästezimmer sind individuell und in verschiedenen Stilen eingerichtet. Es gibt sogar ein Motorrad-Badezimmer und gesicherte Abstellplätze für Bikes. Denn Biker sind hier sehr willkommen. Im Restaurant Comte Godefroy (s. S. 83) kommt internationale und regionale Küche mit Spezialitäten aus der Naturregion Obersauer vom Bauern direkt auf den Tisch.

An der Sauer – **Camping im Aal:** 1, Am Aal, Tel. 83 95 14, www.camping-im-aal.lu, Mitte Feb.–Dez., S. 84

Die Burgruine in Esch-sur-Sûre

10 | Das Dorf im ›Loch‹ – Esch-sur-Sûre

Karte: ▶ C 5 | **Rundgang durch das Dorf;** Parkplätze siehe Karte

Eingeschnürt in einer engen Flussschlaufe der Sauer drängen sich weiß getünchte Häuser um ein Pfarrkirchlein, das sich im Schatten einer mittelalterlichen Burgruine spitztürmig behauptet. Im 300-Seelen-Nest ›im Loch‹ hat sich seit Langem kaum etwas verändert, es ist denkmalgeschützt.

Den Ort entdecken, das schafft man mühelos zu Fuß. Etwas Puste braucht es allerdings, will man das ›Loch‹ auch von oben betrachten, und das sollte man unbedingt. Ein schmaler Pfad führt von der **Rue de Kaundorf** in den steilen Hang jenseits der Sûre hinauf. Einfach umwerfend, die **Ausblicke** 1 von dort oben.

Doch nun zurück und über die **alte Brücke** 2 ins Dorf. Sie wurde übrigens 1787 erbaut, nachdem ortsansässige Wollweber solange gequengelt hatten, bis es ein Einsehen gab. Wollweben war hier, mangels Ackerland, lange Zeit hauptsächlicher Broterwerb. Doch der Verkauf der Ware war mühsam, mangels einer Brücke mussten riesige Umwege zu den Märkten gemacht werden. In einer ehemaligen **Tuchfabrik** 3 (am Naturparkzentrum) können Sie

10 | Esch-sur-Sûre

beim Weben mit den alten Webmaschinen zuschauen und die dort hergestellten Decken und Kissen auch kaufen.

Erinnerung an schreckliche Zeiten

Jenseits der Brücke erinnert das **Pestkreuz** 4 an die 1636 durch den Schwarzen Tod umgekommenen Escher Menschen. Damals hatten nur fünf Familien des Dorfs überlebt, weil sie zum Schutz vor Ansteckung über die Sauer geflohen waren. Als sie zurückkehrten, fanden sie nur noch Tote vor und begruben sie in einem Massengrab.

Im Restaurant **Comte Godefroy** 1 mit seiner schönen Terrasse zu Füßen der Burgruine kann man sich bei einem leckeren Eis oder Kaffee und Kuchen erfrischen und kulinarische Spezialitäten oder einheimische Speisen wie Maultaschen *Vum Séi* (s. S. 86) genießen. Hier kocht ein früheres Mitglied der Luxemburger Koch-Nationalmannschaft.

Durch die Rue du Pont bergauf und die Rue de l'Eglise geht es nun zur **Pfarrkirche** 5. Schauen Sie sich den Altar aus dem 17. Jh. an: Sie werden erstaunt sein, wie kämpferisch Maria und das Jesuskind sich hier zeigen.

Behausung tapferer Recken

Neben der Kirche führt eine Felsentreppe zur **Burgruine** 6 hinauf. Hinter dem Eingangstor (17. Jh.) liegt der Burghof mit der romanischen **Burgkapelle** und dem wuchtigen **Burgfried**, dem Wohnturm, der ab 927 von einem gewissen Maingaud zum Schutz gegen einfallende Ungarn erbauten Burg. Später hausten auch die Brüder Heinrich I. und Godfried I. in der Burg, tapfere Recken, die sich dann aber in den Osten aufmachten. Der erste Kreuzzug war angesagt. Im 16. Jh. setzte der Verfall der Burg ein, sie war aber noch lange Zeit bewohnt. Als Victor Hugo 1871 den Ort besuchte, notierte er, dass noch mehrere Familien in ihr lebten.

Die Siedlung wurde im 14. Jh. durch eine **Ringmauer** mit zwei **Wachtürmen** 7 befestigt, die heute noch stehen. Die Mauer wurde später geschleift, bis auf einige Reste, weil diese, wie man in der Rue des Remparts sehen kann, als Rückwand von Häusern dienten – bis auf den heutigen Tag.

Die **Marienstatue von Lourdes** 8 in Esch-sur-Sûre? Es gibt sie tatsächlich. Wenn auch nur als immerhin drei Meter hohe Nachbildung. Zu finden oben auf dem Fels beim **Lochturm** 10, wenn man vom Unterdorf eine ziemlich steile **Felsentreppe** 9 hinaufsteigt. Wer sie gestiftet hat, ist ein Rätsel. Man sagt, es sei eine ortsfremde Frau gewesen, die in Lourdes durch ein Wunder von ihrem Krebsleiden geheilt wurde.

Der dicke **Lochturm**, ein vorgeschobener Wachturm auf einem Felsdorn Richtung Burg, versperrt etwas den Blick auf die Burg. Man kann aber auf dem unbefestigten Weg bis zum Turm gehen und hat dann eine schöne Aussicht auf Burgruine und Dorf.

Infos
Burgruine: Ganzjährig frei zugänglich.
Tuchfabrik und Textilmuseum (Musée de la Draperie): 15, route de Lultzhausen (beim Naturparkzentrum), Tel. 8 99 33 11, www.naturpark-sure.lu, Mo–Fr 10–12, 14–18, Sa, So, Fei 14–18, im Winter bis 17 Uhr, Mi geschl., Eintritt 2,50 €, ermäßigt 1,25 €.

Essen und Trinken
Comte Godefroy: 1, rue du Pont, Tel. 83 91 10, www.hotel-de-la-sure.lu, Ende Jan.–Mitte Dez. tgl. 12–15, 18.30–22 Uhr, Hauptgericht ab 16 €.

Das Ösling

›Vum Séi‹

An der Obersauer fühlt man sich der Natur verpflichtet. So werden im **Naturpark Obersauer** Getreide, Kräuter und Tee *(Téi vum Séi)* umweltschonend angebaut und zur Herstellung von Bier und Backwaren verwendet. Unter *Bléi vum Séi* (Blüte vom See) firmieren ›sanfte‹ Kosmetika wie etwa die milde Ringelblumenseife, Lavendelseife und die Ourdaller Peeling-Mohnseife, aber auch Kräuterbonbons (http://bvs.naturpark.lu), Das Label ›… vum Séi‹ (vom See) steht für die ausgezeichnete Qualität dieser regionalen Naturprodukte, zu denen auch *Véi vum Séi,* Fleisch aus kontrollierter, artgerechter und umweltschonender bäuerlicher Landwirtschaft zählt. Das Ganze hat denn auch eine von Feinschmeckern hoch geschätzte kulinarische Komponente. Zum einen bieten zahlreiche Restaurants in der Region unter dem Siegel ›Gourmet vum Séi‹ köstliche, aus den frischen Zutaten bereitete Gerichte (z. B. Comte Godefroy, S. 83), zum anderen kann man nach einem Einkauf im bäuerlichen Laden **Buttik vum Séi** mit Metzgerei in Heiderscheid (▶ C 5, 4, am Clemensbongert, Tel. 26 88 95 15, Mo–Fr 7–19, Sa 7–15 Uhr) selbst Bier brauen. Zahlreiche Produkte vum Sei erhält man im Naturparkzentrum in Esch-sur-Sûre.

Stellplatz 6 €, Erw. 5 €, Kind 2,50 €. Ruhiger Platz an der Sauer, 200 m vom Ort, Spielplatz.
Umweltbewusst – **Camping Toodlermillen:** 1, op der Millen, Tadler-Moulin, Tel. 83 91 89, www.toodlermillen.lu, 15. April–15.Okt. Stellplatz ab 8 €, Erw. ab 5,50 €, Kind ab 2,80 €. Gepflegtes, umweltbewusst instand gehaltenes Gelände inmitten unberührter Landschaft, direkt an der Sauer. Shop mit Bio- und Regionalprodukten, Gaststätte, Aufenthaltsraum, moderne, behindertengerechte Sanitäreinrichtung.

Essen und Trinken
Leckeres ›vum Séi‹ – **Comte Godefroy:** S. S. 83.

Einkaufen
Handarbeit – **Kerzenfabrik:** 1, rue du Moulin, Mo–Fr 8–12, 14–17, Sa 9–17 Uhr. Im Shop: schöne, handgefertigte Kerzen aller Art.

Sport und Aktivitäten
Mit der Sonne auf dem See – **Solarboot:** Tel. 89 93 31-555, Abfahrt: Insenborn (▶ B 5), an der Baech, Plage I., Anmeldung im Naturparkzentrum Esch-sur-Sûre (s. u.), 8 €, ermäßigt 4 €, Di–So, 15. Juni–Aug. 10 Uhr (nur auf Anmeldung bis 22 Std. im Voraus), 13.45, 16 Uhr (Anmeldung empfohlen); Mai–14. Juni und Sept.–Okt. 15 Uhr (nur auf Anmeldung bis 22 Std. im Voraus). Entdeckungsfahrten (ca. 2 Std.) auf dem Obersauer Stausee.

Infos
Syndicat d'Initiative und Naturparkzentrum des Obersauer Naturparks: 15, route de Lultzhausen, Tel. 89 93 31-1, www.naturpark-sure.lu, Mo, Di, Do, Fr 10–12, 14–18, Sa, So, Fei 14–18, im Winter jeweils nur bis 17 Uhr.

In der Umgebung
Naturpark Obersauer `direkt 11` S. 85

Heiderscheid (Heischent) ▶ C 5
Beim Campingplatz Fuussekaul: Hochseilgarten mit bis zu 8 m ho- S. 87

11 | Mit allen Sinnen erkunden – Natur an der Obersauer

Karte: ▶ C 5 | **Bus:** Nr. 535 von Esch-sur-Sûre nach Eschdorf (9 Min.)

Dicht bewaldete Täler, weitläufige Hochebenen und Kuppen, kleine Dörfer und der Obersauer-Stausee – kurz ›Ardennen pur‹ – bilden die reizvolle Landschaft des Naturparks Öewersauer. Im Gebiet des 18 km langen Sees lassen sich Natur und Kultur erleben, ihre Wunder und Vielfalt entdecken.

Die Natur erleben, mit allen Sinnen. Das kann man auf diesem Rundweg, der ideal ist für Kinder, ein richtiger Erlebnisweg. Er beginnt in **Eschdorf,** am offenen Unterstand gegenüber Hausnummer 23, an der Gaas. Man folgt dann einfach dem Symbol mit dem Wassertropfen, von Station zu Station.

Als erste Station taucht der **Klangbaum** auf. Hier kann man hineinsteigen und sich überraschen lassen, was es dort zu hören gibt. Das Xylophon, das Musikinstrument, kennt man ja, aber ein **Baumxylophon?** Das gibt es tatsächlich als Nächstes zu sehen und auszuprobieren. Wenn man die Hölzer mit einem Stock anschlägt, klingen sie, und zwar alle verschieden.

Zu Zeiten von Handys ist ein **Baumtelefon,** wie das an der nächsten Station, gewiss ein Unikum. Aber es funktioniert, wie man hier feststellen kann, wenn einer sein Ohr an das Ende des Baumstammes legt, und ein anderer am anderen Ende am Holz kratzt – Holz leitet Geräusche.

Ein Stück weiter erreicht man die **Märchenhütte.** Eignet sich prima für eine Pause. Und wer die Broschüre des Naturparks »Auf der Spur von Wasser und Natur« dabei hat (erhältlich im Na-

85

Das Ösling

turparkzentrum, s. S. 84) – und das sollte man –, kann den Kleinen hier die Geschichte von ›Drops‹, dem Wassergeist, vorlesen. Sie bringt das zuvor am Baumxylophon und Baumtelefon Erlebte noch einmal in einen kindgerechten Rahmen.

Schon mal einen Bach gefühlt?

Wie lässt sich ein **Bach** am besten fühlen? Und was lässt sich fühlen? Natürlich die Temperatur. Und dann die Strömung. Mit der Hand. Oder mit dem Fuß. Vielleicht kann man dabei ja auch das Gehäuse einer Köcherfliegenlarve entdecken. Erbaut aus Steinchen und Pflanzenteilen.

Die **Kuckecke** ist ein Platz zum Entspannen. Hier hat man eine schöne Aussicht auf die Landschaft. Unten fließen zwei Bäche zusammen. Am Bach angekommen, kann man den Bachgeräuschen lauschen. Klingt wie Wassermusik.

Station **Grenzbaum**: Wenn man hier durch das Guckrohr schaut, sieht man einen alten Grenzbaum. Früher hat man, außer mit Steinen, Grenzen auch mit Bäumen markiert. Ist an dem Baum etwas zu entdecken? Vielleicht die Höhle eines Spechts? Diese fleißigen Vögel bevorzugen abgestorbene Bäume wie diesen, um darin ihre Wohnstätte zu bauen. Außerdem können sie unter der Rinde allerlei Käfer und Larven finden – ihre Lieblingsspeise.

Als Nächstes kommt der **Barfußpfad**. Schuhe aus, Augen zu, und sich barfuß von jemandem den Pfad entlangführen lassen. Und dabei beschreiben, was die Füße fühlen – ein tolles Erlebnis, nicht nur für Kids.

Auch wenn man die Waldtiere selten zu sehen bekommt, so kann der erfahrene Spurenleser doch erkennen, welche Tiere hier leben. Beispielsweise anhand angeknabberter Fichtenzapfen, die alle aus diesem Wald stammen. Auf wessen Speiseplan standen sie? Am saubersten knabbert die Waldmaus, Eichhörnchen wiederum reißen die Schuppen ab, da bleiben dann noch Fasern, während der Specht nur hier und dort in den Zapfen hackt.

Die Geräusche der Natur sind vielfältig. Nehmen wir nur den Wind. Er entlockt selbst Steinen Geräusche. An der **Station Summstein** kann man sein eigenes Summen auf den Stein übertragen, es hören und sogar fühlen.

Durch das Fenster an der nächsten Station kann man die **Landschaft** studieren. Was ist zu sehen? In welcher Art ist der Ort dort drüben in die Landschaft eingefügt? Wie liegen Felder und Wiesen im Verhältnis zum Dorf?

Als Letztes kommt die **Partnerschaukel**. Wenn man zu zweit darauf schaukelt, funktioniert das nur, wenn die Bewegung der einen Schaukel der anderen angepasst wird. In der Natur ist es ähnlich: Alles beeinflusst sich gegenseitig und steht miteinander im Gleichgewicht. Und jede Veränderung hat Folgen. Was jeder natürlich längst weiß – hier kann man es direkt erleben.

Infos
Länge: 4,5 km; **Dauer:** 2–2,5 Std.

Wer es noch genauer wissen will
Waldentdeckungszentrum Burfelt (▶ B 5): Tel. 89 91 27, www.naturpark-sure.lu, 15. Juni–15.Sept. Di–So, 16. Sept.–1. Nov. So 13–17.30 Uhr. Abseits der großen Durchgangsstraßen auf einer Halbinsel gelegen. Schon am Parkplatz beginnt ein thematischer Waldlehrpfad, der zum Gehöft Burfelt führt, in dem eine Ausstellung über den Wald und seine Nutzung informiert.

Wiltz

Naturidylle am Obersauer Stausee

hen Parcours. Kontakt Tel. 80 48 85 41, www.klammschoul.lu.

Heiderscheidergrund (Heischtergronn) ▶ C 5
›Tintenfass‹ nennen die Einheimischen die sehenswerte achteckige, der heiligen Kunigunde geweihte und mit ihrem Bildnis mehrfach geschmückte, 1850 erbaute **Kapelle.**

Rindschleiden (Randscheld) ▶ C 6
Das kleinste Dorf Luxemburgs birgt ein wahres Kleinod: Die außen eher unscheinbare, dem heiligen Willibrord geweihte **Dorfkirche** weist innen herrliche Kreuzrippengewölbe auf, die über und über mit kostbaren Fresken aus dem 15. Jh. bemalt sind. Neben der Kirche: die **Willibrordusquelle,** die der Heilige nach Berührung der Erde mit seinem Bischofsstab hervorgebracht haben soll.

Wiltz (Wolz) ▶ C 4

Das Städtchen (4500 Einw.) besteht aus den Ortsteilen Nieder- und Oberwiltz. Das reizvoll auf einem Bergrücken stehende Schloss mit seiner weiten Freitreppe, das stattliche Rathaus mit dem mittelalterlichen Gerichtskreuz davor, und die malerischen Häuser um die Pfarrkirche Notre-Dame bilden den Ortskern von Oberwiltz. Unten in Niederwiltz siedelten einst die Gerber und Weber. Das alljährliche Ginsterfest und die Freilichttheater- und Musikfestspiele mit Stars der großen Bühnen sind die kulturellen Höhepunkte dieser Stadt.

Museum der Ardennenschlacht 1944/45
Schloss Wiltz, Tel. 26 95 00 32, www.touristinfowiltz.lu, Ostern, Pfingsten, 1.–15. Juli, 16.–31. Aug. tgl. 13–17, Mitte Juli–Mitte Aug. 10–12, 13.30–17 Uhr, Eintritt 2,50 €, ermäßigt 1,50 €

Das Ösling

Ende 1944 hatten die Deutschen die Stadt noch einmal eingenommen, bevor US-Truppen das zerstörte Wiltz endgültig befreiten. Zwei Jahre zuvor hatten Wiltzer Arbeiter wegen der Zwangsrekrutierung zum Streik aufgerufen, der sich zum Generalstreik über das ganze Land ausweitete. Die Streikenden von Wiltz wurden ermordet oder in Konzentrationslager verschleppt. Hieran erinnern das Museum mit bewegenden Bildern und Dokumenten sowie eine zwischen den beiden Ortsteilen als nationales Streikdenkmal errichtete monumentale Totenlaterne.

Musée National d'Art Brassicole et de la Tannerie

Schloss Wiltz, www.touristinfowiltz.lu, Sept.–Juni Mo–Fr 9–12, 14–17, Sa 10–12, Juli–Aug. tgl. 10–18 Uhr, Eintritt 2,50 €, ermäßigt 1,50 €
Interessante Einblicke in das Handwerk der Gerber, Weber, Rindenschäler und anderer traditionsreicher Wiltzer Zünfte vergangener Tage bietet das **Brauerei- und Gerbereimuseum.** Dazu gehört auch die Kunst des Bierbrauens. Unter der fachkundigen Anleitung eines Braumeisters können die Besucher hier sogar ihr eigenes Bier brauen (Gruppen nach Anmeldung, Tel. 95 74 44), und in der urgemütlichen Museumsschenke Jhang Primus vorab schon mal eines probieren.

Schloss Wiltz

Im 12. Jh. löste eine neue Burg auf dem Berg die alte in Flussnähe strategisch eher fehlplatzierte Festung ab. Von der oberen Burg ist nur noch der Hexenturm im Schlossgarten erhalten. Zwischen 1631 und 1727 erbauten die Grafen von Wiltz an der Stelle der Burg das heutige barocke Schloss mit der schönen Eingangsfassade im Renaissancestil.

Jardin de Wiltz direkt 12 S. 89

Dekanatskirche St. Peter und Paul

Der romanische Turm der asymmetrisch erbauten spätgotischen Hallenkirche in Niederwiltz stammt vermutlich noch von der ersten mittelalterlichen Burg. Sehenswert sind zwei 1720 von Zünften gestiftete barocke Seitenaltäre und die Figuren ihrer Schutzheiligen, die Grabmäler der Wiltzer Grafen und das 1635 neben der Kirche errichtete steinerne Pestkreuz.

Übernachten

Stilvoll – **Aux Anciennes Tanneries:** 42a, rue Jos Simon, Tel. 95 75 99, www.auxanciennestanneries.com, DZ ab 106 €. Charmantes Hotel in ehemaliger Gerberei direkt am Fluss Wiltz, das Interieur eine Symbiose aus Rustikal und Modern, Entspannung beim Spinning möglich. Ausgezeichnetes Restaurant (Tagesmenü 12 €).

Essen und Trinken

Erlesen – **Vieux Château:** 1, Grand-Rue, Tel. 95 80 18, www.hotelvchateau.com, Mi–So 12–14, 19–21 Uhr, Tagesgericht ab ca.12 €, Menü ab ca. 30 €. Fürstlich speisen in stilvollem Ambiente – das Restaurant liegt neben dem Schloss –, vielleicht die *Scampis en Chemise de Nori,* und danach eine Crème brûlée.

Authentisch – **Beau Séjour:** 21, rue du X Septembre, Tel. 95 74 71, tgl. 12–14, 19–21 Uhr, ab ca. 12 €. Traditionelle luxemburgische (*Judd mat Gaardebounen*, Ardenner Schinken) und französische Spezialitäten, wobei das Dessert mit lokalem Likör verfeinert wird. Schöner Wintergarten.

Sport und Aktivitäten

Schwimmen – Hallen- S. 92

12 | Gartenfaszination – der Jardin de Wiltz

Karte: ▶ C 4

Jardin de Wiltz

Steingärten, Laubengänge, Pflanzenmeere, Terrassen, Wasserspiele und Skulpturen, das Ganze zu einem riesigen Kunstwerk geformt – der »Garten von Wiltz« 1. Richtig entspannend! Übrigens: Es sind Künstler, fleißige, geistig behinderte Personen und Arbeitslose, die dieses lebendige Kunstwerk geschaffen haben.

Gleich am Eingang weist eine Schautafel darauf hin: Der Jardin gehört als lebender Skulpturengarten zur ›**Europäischen Skulpturenstraße des Friedens**‹. Dabei handelt es sich um eine durchgehende ›Kette‹ von Skulpturen, die von der Normandie bis nach Russland verlaufen soll, als unübersehbares, lebendiges Zeichen des friedlichen Zusammenlebens der Völker Europas. In Luxemburg gibt es mit dem Jardin de Wiltz, einer Skulptur der Künstlerin Edmée Marth in der Kaul in Wiltz sowie den Skulpturenwegen bei Lultzhausen und Bilsdorf weitere Teilstrecken.

Ein Meer aus Steinen

Sowie Sie den Garten betreten, finden Sie sich in einer Art steinernem Meer wieder. Inmitten gewaltiger Wellen und Wogen aus blaugrauem, scharfkantigem Schiefergestein, aus dem auch die alten Häuser im Ösling sind. Künstler und geistig behinderte Personen haben sie gemeinsam in mühsamer Arbeit aufgetürmt, mal geordnet ausgerichtet, mal hingeworfen wie aufspritzende Gischt. Mitten im Meer findet das Auge einen Ruhepunkt, eine Art Insel im Fischgrätenmuster, mit ausgedienten Straßenbordsteinen ausgelegt.

Das Ösling

> **Übrigens:** In der ›Nuits des lampions‹ – Nacht der Laternen – verwandelt sich der Garten alljährlich in der Nacht des letzten Samstags der großen luxemburgischen Schulferien (Mitte Sept.) in ein Meer von Lampions, meist von spektakulären Performances und Musik begleitet.

Nach unten wird das Steinmeer in seiner Hanglage von einer langen Reihe von Bambusstauden begrenzt, nach oben von einem Halbrund aus Pflanzblechen, auf denen man allerlei Gräser vorfindet. Im Zickzack führt eine rollstuhlgerechte, von Buchs gesäumte Serpentine den Hang hinauf. Oben liegt ein **Drache,** dessen Schuppenhaut aus winzigen Stückchen glitzernder Keramiksplitter besteht, und dessen den Hang hinab hängender Schwanz gleichsam als Rinne für Wasser dient. Schöpfer dieses Reptils ist Josy van Hooven, geistig behindert wie auch der Erbauer der kleinen Mauer dahinter. Eigentlich sollte diese Mauer ja glatt sein, doch hat sein Baumeister, der auch gehbehindert war, hier ein paar kleine Absätze zum Sitzen eingebaut. Wenige Schritte daneben rauscht Wasser aus der Skulpturquelle des luxemburgischen Künstlers Pit Nicolas.

Hier wurde ›Gruber‹ gebraut

Je höher man kommt, desto grüner wird es. Kirschlorbeer füllt Gartenräume, Farne haben ihre Wedel entrollt, Tunnel aus gebogenen Weidenzweigen über den Wegen spenden Schatten. Kleine Teiche mit ihren Wasserpflanzen sind Biotope für allerlei Libellen und Kleinvögel, gemächlich gleiten darin auch ein paar Goldfische umher. Reihen von Weiden stehen an den Teichen Spalier, anstatt Zäunen, damit keiner ins Wasser fällt.

Weiter oben dann die steinernen Stühle zwischen alten Bäumen, und ein Stück weiter, in einer großen Wiese, das Labyrinth. Von hier oben hat man übrigens einen schönen Blick auf Wiltz mit dem Schloss im Zentrum des Ortes.

Die einstige Brache, 2,5 ha groß und von der Gemeinde Wiltz zur Verfügung gestellt, grenzte an eine Brauerei, in der einst das Wiltzer ›Gruber‹ gebraut wurde. Viel Bier brauchte viel Wasser, und in der Tat stieß man bei der Anlage des Gartens auf Quellen und unterirdische Kanäle. Ein Stückchen der alten, backsteinernen Überwölbung samt dem Rad, mit dem der Braumeister den Aqua-Stopp betrieb, ist hier noch zu sehen, als Referenz an die Industrie des 19. Jh. Wasser fließt hier auch jetzt allerorten, durch enge Kanäle, Rinnen aus U-Eisen, über Flächen. Kleine Eisenstege mit himmelblau gestrichenen Geländern führen darüber hinweg.

»Resisting the Dark«

So heißt eine Lichtinstallation im Garten, die einerseits an den Wiltzer Widerstand im Zweiten Weltkrieg erinnert, andererseits hier auch Programm ist: Menschen nicht im Dunkeln lassen, die anders wohl im Abseits stünden.

Wenn Sie den Garten – er ist jederzeit frei zugänglich – werktags besuchen, werden Sie meist eine Handvoll Leute antreffen, die jäten, pflanzen, Hecken stutzen. Einige, die an Kunstwerken arbeiten, sieht man auch oft schon vor den Häusern rechts an der Rue de la Montagne, wenn man vom Parkplatz an der Place des Martyrs zum Garten aufsteigt. Es sind die Leute der **Cooperations** [2], eines Non-Profit-Vereins, der auf soziale, kulturelle und berufliche Integration behinderter Menschen abzielt und hier ca. 35 geistig behinderte Personen beschäftigt.

In den transformierten Brauereige-

12 | Jardin de Wiltz

Kultur und Natur verschmelzen im Skulpturengarten Jardin de Wiltz

bäuden, in denen sich übrigens auch das Wiltzer Youthhostel befindet, ist eine **beschützte Werkstatt** eingerichtet und das **Prabbeli** 3 : ein soziokulturelles Zentrum. Beim Wort ›Kulturzentrum‹, da fällt bei vielen schon die Klappe, man erinnert sich gleich an heruntergekommene, lustlose Einrichtungen. Doch das hier ist anders: helle, freundliche und gepflegte Räume, ein modernes **Café** in einem Pavillon mit einer spektakulären Zeltdachkonstruktion – dem Prabbeli oder Parapluie – im Innenhof, für die Wiltz mit dem Bauherrenpreis ausgezeichnet wurde, ein **Restaurant**, in dem es werktags u. a. ein Mittagsmenü gibt. Im **Shop** werden künstlerische und handwerkliche Erzeugnisse des Hauses verkauft, und in der Galerie Kunstwerke der hier arbeitenden Behinderten oder Wechselausstellungen gezeigt, in der **Bücher-Stuff** werden Bücher im Kilo verkauft, und ein **Kino** gibt es auch.

Infos
Jardin de Wiltz: Der jederzeit frei zugängliche Garten liegt an der Rue de la Montagne, eine Parkmöglichkeit besteht auf der Place des Martyrs.
Cooperations: 8, rue de la Montagne, Tel. 95 92 05-1, www.cooperations.lu, Mo–Fr 8–20 Uhr.
Europäische Skulpturenstraße des Friedens: www.strasse-des-friedens.net.

Noch mehr Kultur und leibliches Wohl
Prabbeli. www.prabbeli.lu
Café: Mo–Do 10–18, Fr 10–1, Sa 17–1 Uhr.
Restaurant: Tel. 95 92 05-52, Mo–Fr 12–14 Uhr, Hauptgericht ab 8 €.
Shop: Mo–Fr 10–20 Uhr.

Übernachten
www.youthhostel.lu

Das Ösling

schwimmbad: Rue General Patton, Mo 17–20, Mi 18–20, Do 14–17, Fr 15.15–20, So 8.30–11.30 Uhr.
Skating – **Piste:** in der Rue de l'Industrie. Anlage für Skateboarder.

Infos und Termine

Syndicat d'Initiative: Schloss Wiltz, Tel. 95 74 44, www.touristinfowiltz.lu, Sept.–Juni Mo–Fr 9–12, 14–17, Sa 10–12, Juli–Aug. tgl. 10–18 Uhr.
Gënzefest: Pfingstmontag. Großer Umzug mit Ginster geschmückten Festwagen, Musik-, Majoretten- und Folkloregruppen. Trödelmarkt.
Fátima-Prozession: Christi Himmelfahrt. Große Prozession mit über 20 000 Teilnehmern der überwiegend portugiesischen Bewohner Luxemburgs zur Statue der Jungfrau von Fátima auf einem Hügel über Wiltz.
Festival de Wiltz: Château de Wiltz, Tel. 95 81 45, www.festivalwiltz.lu, Juni/Juli. Schloss und Schlossgarten mit der monumentalen Freitreppe bilden den außergewöhnlichen Rahmen für die Festspiele: klassische oder zeitgenössische Theaterinszenierungen, Konzerte mit hochrangiger Besetzung. Berühmte Interpreten, die hier gastierten: Duke Ellington, Lionel Hampton, Ella Fitzgerald, Oscar Peterson, Miles Davis …

In der Umgebung

Winseler (Wanseler) ▶ B 4
Kräutergarten, Tel. 95 97 44, www.kraidergaart.lu, Mai–Sept. tgl. 14–18 Uhr, Eintritt 2 €, ermäßigt 1 €. Über 500 verschiedene Kräuter, von historischen, giftigen, Gewürz-, Heil- und Duftkräutern bis hin zu Färberkräutern. Außerdem gibt es hier eine Kräuterschule für Kinder und einen Bauerngarten neben dem Gemeindehaus. Es ist also nicht gerade verwunderlich, dass sich Winseler auch ›Dorf der Pflanzen und Kräuter‹ nennt.

Clervaux (Klierf) ▶ D 3

Wie ein Leuchtturm markiert weithin sichtbar der mächtige Turm der Abtei die Lage des Orts, der unten im Tal des Flüsschens Clerf liegt. Um das weiß getünchte mittelalterliche Schloss und die Pfarrkirche scharen sich kleine Häuser. Mit rund 1900 Einwohnern ist das reizvoll in tiefe Wälder der Ardennen eingebettete Städtchen das größte des nördlichen Ösling. Dennoch ist der Luftkurort beschaulich, lädt zum Bummel durch die gemütliche Fußgängerzone und Besuch interessanter Ausstellungen ein, zu Ausflügen und Wanderungen in die Wälder und zu den Aussichtspunkten der Umgebung. Apropos Aussichtspunkte: Vom Café Belle Vue an der N7 zeigt Clervaux sein fotogenstes Gesicht.

Pfarrkirche

Erhaben präsentiert sich die 1910/11 im neoromanischen Stil mit pyramidenförmig überdachten Doppeltürmen und vorgebauten Rundtürmchen erbaute Pfarrkirche. Die vordere Giebelseite schmückt eine Kreuzigungsszene. Die kunstvoll aus Stein gemeißelten Altäre, Kreuzigungsstationen und die Kanzel schuf der Aachener Kirchenbildhauer Piedboeuf.

Musée du Jouet

9, Grand-Rue, Tel. 92 02 28, Ostern–Dez. tgl. außer Di 10–12 und 14–18, Jan.–März nur So, Fei 10–12 und 14–17 Uhr, Eintritt 3 €, ermäßigt 2 €
Groß und Klein erfreuen sich hier an unzähligen Spielzeugen vergangener Tage.

Benediktinerabtei

Tgl. 9–19 Uhr
Schon die hohen, mit Dachziegeln bedeckten Klausurmauern vermitteln ein Gefühl von Abgeschiedenheit und Stille. Um diese nicht zu stören, sind nur

Clervaux

der Vorhof, die Klosterkirche und die Krypta der Abtei, in der eine Ausstellung über das Klosterleben informiert, für Besucher zugänglich. Das erst 1910 erbaute Kloster wurde von den Nazis verwüstet, die Kirche am stärksten beschädigt. Im neu aufgebauten Gotteshaus fällt die betont schlichte Ausstattung auf. Bemerkenswert der Hochaltar mit Sinnbildern der vier Evangelien und die Orgel, die dem Petit Trocadéro in Paris entstammt.

Klëppelkrich-Denkmal

Hinter der Abtei erinnert ein hohes Steinkreuz an den Aufstand Öslinger Bauern gegen die französischen Besatzer (1795–1798). Ein Bronzerelief zeigt die mit Knüppeln (Lëtzebuergesch: *Klëppel*), Flinten und Sensen bewaffneten Bauern, ein weiteres, wie sich der ›Schéifermisch‹, der Asselborner Schäfer Michel Pint, nach der blutig niedergeschlagenen Revolte vor dem Kriegstribunal weigert, durch eine Lüge sein Leben zu retten. »Mir kennen net léien«, hält er dem Richter entgegen.

Loretto-Kapelle

Das Rokoko-Kirchlein am nördlichen Ortsausgang ließ der Clerfer Graf de Lannoy 1762 in seinem Wildpark errichten. Mit einem Madonnenbild aus Schiefer, dem mit Rankwerk verzierten Eingangsgitter, dem herrlich bemalten Deckengewölbe und einem Seidenbild der Madonna von Loretto ist es ein wahres Schmuckstück.

Château de Clervaux

direkt 13 ▶ S. 94.

Übernachten

Wo die Mühle rauscht – **Moulin d'Asselborn:** Maison 158, Asselborn, Tel. 99 86 16, www.hotelvieuxmoulin.lu, DZ 84 €. Gemütliches Hotel inmitten der Natur, in der alten Asselborner Wassermühle (ca. 8 km von Clervaux). 15 komfortable Zimmer, schöne Gartenterrasse, Kinderspielplatz, Hallenbad. Ausgezeichnetes Restaurant mit lokalen Spezialitäten (Mi–Mo 12–14, 18–21 Uhr, Hauptgericht ab 12 €).

Komfortabel und zentral – **Hotel du Commerce:** 2, rue de Marnach, Tel. 92 91 81, www.hotelducommerce.lu, DZ ab 78 €. Ruhig und zentral zu Füßen des Schlosses, mit Garten, Hallenbad, Privatparkplatz, Wellnessbereich, gratis WLAN, 50 komfortable Zimmer.

Sportlich – **Hotel du Golf:** 2, Mecherwee, Eselborn, Tel. 92 93 95-21, www.hoteldugolf.lu, DZ ab 100 €. Schön gelegenes 4-Sterne-Hotel mit Blick über die gepflegte Golfanlage inmitten der luxemburgischen Ardennen. Acht luxuriöse Zimmer, Sauna, Solarium, Bar, große Terrasse und Restaurant.

Camping – **Officiel de Clervaux:** 33, Klatzewee, Tel. 92 00 42, www.camping-clervaux.lu, April–Okt., Standplatz 5,50 €, Zeltplatz 3 €, Erw. 5,30 €, Kind 2,50 €. Inmitten der Natur an einem Bach, 400 m vom Zentrum. Beheiztes Schwimmbad, Tennisplatz.

Camping – **Reilerweier:** Maison 86, Reuler/Clervaux, Tel. 92 01 60, www.reilerweier.lu, April–Okt. Stellplatz 5,50 €, Erw. 5,50 €, Kind 2,50 €. Gut geführter Platz mit Kinderspiel- und Bouleplatz, Tischtennis, Bogenschießen. Fischweiher für Angler. Juli, Aug. Mo–Fr Animation.

Camping – **Walensbongert:** Rue de Binsfeld, Troisvierges, Tel. 99 71 41, www.walensbongert.lu, April–Sept. Stellplatz ab 6 €, Erw. 5,50 €, Kind 2,60 €. Großer Platz mit beheiztem Schwimmbad, Sportmöglichkeiten, Animation.

Essen und Trinken

Im Pferdestall – **Ecuries du Parc:** 4, rue du Parc, Tel. 92 03 64, ▶ S. 96

13 | Menschen, Burgen, Ardennenschlacht – im Schloss Clervaux

Karte: ▶ D 3

Olivgrüner Ami-Panzer im Burghof. Uniformen, Dokumente im Schloss, ein ganzes Museum, prallvoll – Erinnerung an die Ardennenschlacht. Dazu alle Burgen des Landes, in mini, maßstabsgetreu. Aber dann – absolutes Highlight – »The Family of Man«, die weltberühmte Fotoausstellung. UNESCO-Welterbe! Drei Museen unter einem Dach.

Das weiße Schloss, ab dem 12. Jh. erbaut – heute tipptopp restauriert. Zuvor hat es viel erlitten: Niedergang, Versteigerung zwecks Tilgung der Kriegsschulden, Verfall. 1944 schossen es deutsche Soldaten in Brand und ließen nur noch rauchende Trümmer zurück. Mahnend erinnern ein US-Panzer und ein deutsches Geschütz auf dem Burghof an den Krieg. Jetzt sind hier die Touristeninformation und drei Museen untergebracht.

Welche ist die schönste Burg im ganzen Land? Dem kann man im **Musée de la Maquette** 1 nachgehen, anhand von 22 detailgetreuen Nachbildungen der bedeutendsten Burgen des Landes. Die Ansicht aus der Vogelperspektive bietet eine ausgezeichnete Möglichkeit, die Burgen, die man bei einer Reise durch Luxemburg besuchen möchte, zuvor im Gesamtbild zu erfassen – nicht jeder möchte in einen Heißluftballon steigen, um die Burgen von oben anzuschauen.

Militaria-Freunde kommen wiederum im **Musée de la Guerre** 2 auf ihre Kosten. Es ist randvoll gepackt mit Dokumenten, Uniformen, Fotos und Kriegsgerät rund um die Ardennenoffensive. Allein die Uniformen, ausgestellt an damit bekleideten Schaufensterpuppen, nehmen mehrere Räume ein: Im ersten Stock sind es die der Deutschen, im zweiten die der US-Amerikaner. Und wer noch nicht wusste,

13 | Schloss Clervaux

was der rote Streifen an der Hose der *dress blues*, der Ausgehuniformen der US-Marines, bedeutet – hier wird er aufgeklärt.

»The Family of Man« 3

Um es vorweg zu nehmen: Die berühmte Fotoausstellung »The Family of Man« wird voraussichtlich bis mindestens zum Frühjahr 2012 geschlossen sein, wegen der dringend notwendigen Renovierung der Räumlichkeiten und Restauration der Fotos.

Die Fotosammlung ist das Werk Edward Steichens. Der gebürtige Luxemburger war agil. Während seine Altersgenossen längst im sonnigen Florida ein gemütliches Rentnerdasein führten, machte sich der rüstige Fotograf und Direktor für Fotografie des New Yorker Museum of Modern Art (MoMA) 1952 mit 73 Jahren an die Arbeit. Er reiste durch die Welt und bat Fotografen, ihm Fotos zu schicken, die nur ein einziges Thema haben sollten: den Menschen. Die Resonanz war ungeheuerlich. Er erhielt mehr als zwei Millionen Fotografien. Nach Jahren der Sichtung hatten Steichen und sein Assistent Wayne Miller gefunden, wonach sie suchten: 10 000 Fotos, aus denen sie 503 Motive von 273 Fotografen aus 68 Ländern auswählten und zur monumentalsten Fotoausstellung der Welt zusammenfügten: »The Family of Man«.

Edward Steichens Vermächtnis

Steichen hatte zwei grässliche Weltkriege als militärischer Kriegsfotograf miterlebt, nun trachtete er danach, das Menschliche des Menschseins mit der universellen Sprache der Fotografie zum Ausdruck zu bringen und das Verständnis des Menschen für einander zu fördern. Er gruppierte die Bilder um 37 Themen, wie z. B. Liebe, Familie, Freude, Arbeit, Schmerz, Einsamkeit, und Tod – Elemente, die der großen Gemeinschaft der Menschen, der »Family of Man«, wie Abraham Lincoln sie nannte, gemeinsam sind.

Die Ausstellung, 1955 im MoMA erstmalig gezeigt, war der Beginn eines Erfolges, der die kühnsten Erwartungen übertraf. Mehr als 9 Millionen Besucher zog die Ausstellung, die in den folgenden Jahren in weiteren Kopien in die großen Metropolen der Welt ging, in den Bann. Sogar in Moskau war sie zu sehen. Heute gibt es nur noch einen einzigen vollständigen Satz der Originalfotos – den in Clervaux.

Infos

Musée de la Marquette (Tel. 92 96 86) und **Musée de la Guerre** (Tel. 26 91 06 95): März–April, Okt.–Dez. Sa, So, Fei 11–18, Mai–Sept. Di–So 11–18 Uhr, Mo geschl., außer an Fei, Eintritt jeweils 2,50 €, ermäßigt ab 0,50 €.
Kombiticket (für alle drei Museen): Juni–15. Sept., 7 €, ermäßigt 3,50 €.
The Family of Man: Tel. 92 96 57, www.thefamilyofman.lu. Wegen Restauration ist die Ausstellung zurzeit geschlossen.

Das Ösling

www.staell.lu, Di–Do 12–14, 18–22, Fr–So bis 22.30 Uhr, Hauptgericht ab ca. 10 €. Im Ort auch ›Pärdsställ‹ genannt, da in den ehemaligen gräflichen Pferdeställen gelegen, bietet das urig-gemütliche Restaurant eine abwechslungsreiche traditionelle Küche. Zur Jagdsaison: Wild aus den umliegenden Wäldern.
Hauch von Mediterran – **Du Golf:** 2, Mecherwee, Eselborn, Tel. 92 93 95-21, tgl. 12–14, 19–21 Uhr, Hauptgericht ab 16 €. Genussvolles Speisen an großen runden Tischen, umgeben von angenehmem Dekor – nicht nur für Golfer, hier ist jeder willkommen. Innovative Küche mit mediterraner Note. Kleine Karte: Omelettes, Salate, Sandwiches und andere Snacks zu annehmbaren Preisen, Speisekarte mit Flambiertem, Fisch- und Fleisch, einem Tagesgericht und Fondue.

Sport und Aktivitäten
Petri Heil – **Angeln:** Forellenangeln ist in zwei Weihern auf dem Campingplatz Reilerweier (1 km von Clervaux) möglich. Angelzeug gibt es vor Ort. Halbtagesschein ab 11 €.
Für Wasserratten – **Schwimmen:** Außer dem Freibad von Camping Officiel gibt es ein **Hallenbad** (35, Klatzewee, Tel. 92 00 72, 92 03 73, Eintritt 1,70 €, Kinder 5–14 Jahre 1 €, Mitte Sept.–Mitte Juli Mo–Fr 17–21, Sa 16–18, So 10–12 Uhr).
Flott – **Skating:** Eine Skatingpiste befindet sich hinter dem Hallenbad.
Green – **Golf de Clervaux:** Mecherwee, Eselborn, Tel. 92 93 95, www.golfclervaux.lu. Inmitten der Ardennen gelegene Anlage (6,2 km, 18 Loch, Par 72). Trainingsstrecke mit 3 Kompaktlöchern, PAR 10, ein Practice und ein Putting Green. Golf-Car Verleih, Clubhaus mit Hotel, Restaurant, Bar, Terrasse.

Infos und Termine
Info Tourisme: 4, Grand-Rue, Schloss, Tel. 92 00 72, www.tourisme-clervaux.lu, tgl. März–Okt. 10–18, Nov.–Feb. 10–15 Uhr.

In der Umgebung
Naturpark Our ▶ D 2–4
Naturparkzentrum, Kierchestrooss 2, Heinerscheid, Tel. 90 81 881, www.naturpark-our.lu
Natur und ökonomische Entwicklung in Einklang zu bringen ist das Ziel, das man sich im 306 km² großen Naturpark Our gesetzt hat. Im restaurierten **Bauernhof Cornelyshaff** (Haus des Naturparks Our, Haaptstrooss 83, Heinerscheid, Tel. 92 17 451) zeigen Bauern des Naturparks, was sie an lokalen Köstlichkeiten erzeugen: naturbelassene, unfiltrierte Biere, selbstgemachten Senf, Käse und Speiseöle. Und natürlich kommen in ihrer Gaststätte in der ehemaligen Scheune herzhafte Luxemburger Gerichte auf den Tisch. So gestärkt kann man sich in die Natur begeben, etwa auf einen der interessanten Themenwanderwege im **Naturschutzgebiet Cornelysmilen** bei Troisvierges (▶ C 2) oder auf den **Klangwanderweg** bei Hoscheid (▶ D 4), um den Klängen von 17 Klangskulpturen zu lauschen (www.klanglandschaften.lu).

Munshausen (Munzen) ▶ D 3
Tourist-Center: 1, Frummeschgaass, Tel. 92 17 45, www.touristcenter.lu, Winter tgl. 10–18, Sommer tgl. 10–18 Uhr, je nach Programm 2–10 €
Acker pflügen mit Ardennerpferden, säen, ernten, dreschen wie anno dazumal. Korn mahlen in der alten Wassermühle, Brot im Steinofen backen, Hufe beschlagen, Honig schleudern, Kerzen ziehen, im Sägewerk Baumstämme zu Brettern zersägen – im **Freilichtmuseum ›A Robbesscheier‹** wird gezeigt, wie es im Bauerndorf zu Großvaters Zeiten zuging. Bei manchem kann

Clervaux

der Besucher unter Anleitung selbst Hand anlegen. Für Kinder gibt es ein besonderes Programm: Eselsritt, Kutschenfahrt, Tiere füttern, Brötchen backen, die Bienenschule besuchen. Am **Tag des Ardennerpferds** (zweiter So im Sept.), dem großen Volksfest rund um den Hof, zeigen die sanftmütigen Rösser ihr ganzes Können. Für Kost, etwa deftige Ardenner Hausmannsgerichte, und Logis (Familien, Gruppen) ist auch gesorgt: auf einem Bauernhof, in einer Wassermühle und in einem ehemaligen Nebengebäude des Grafen von Elz.

Binsfeld (Bënzelt) ▶ D 2
›A Schiewesch‹ (Bei Schäfers), 8, Ëlwenterstrooss, Tel. 97 98 20, www.museebinsfeld.lu, Ostern–Anfang Nov. Di–So 14–18, Einlass bis 17 Uhr, 4 €
Das Landmuseum in einer alten Schäferei vermittelt in 21 liebevoll eingerichteten Räumen, wie der guten bäuerlichen Stube, Schlafkammer, heimeligen Küche, Schusterei, Webstube, Scheune und Molkerei, Eindrücke vom Landleben im 18./19. Jh. In der Kaffeestube gibt es Kuchen, frisch aus dem Backofen.

Weiswampach (Wäiswampech) ▶ D 2
Zwei künstliche Seen laden zum Baden, Surfen, Paddeln und Angeln ein. In einer Talsenke an der Our liegt das Dreiländereck. Dort bilden mehrere Findlinge mit bronzenen Schrifttafeln das ›Denkmal des Vereinten Europa‹ *(Monument des Trois Frontières)*.

Huldange (Huldang) ▶ C 2
Beim Wasserturm am Buurgplaatz vor dem Ort verrät eine Tafel: Hier ist Luxemburg am höchsten, nämlich 558,35 m. Was nicht ganz zutrifft, denn die nahe Kuppe Kneiff ist 560 m hoch und damit der höchste ›Berg‹ Luxemburgs.

Troisvierges (Elwen) ▶ C 2
Die drei Jungfrauen Caritas, Fides und Spes (›Nächstenliebe‹, ›Glaube‹, ›Hoffnung‹), auf die der Name des Orts hinweist, erlitten 168 n. Chr. den Märtyrertod. Die gotischen Schnitzfiguren der drei heiligen Schwestern in der einstigen Klosterkirche der Franziskaner waren lange Zeit Ziel wallfahrender Pilger. Kunstvoll gearbeitet ist der mit großen Ölgemälden von Rubensschülern geschmückte barocke Hochaltar. Wunderschön ist der Park ›Jardin à suivre‹, mit seinen beeindruckenden Kunstwerken (Eingang am Campingplatz Walensbongert). Hier beginnt auch der 13 km lange Wanderweg ›**Sentier des Passeurs**‹ (Fluchthelferweg). Auf dieser Route haben Fluchthelfer ihre Schützlinge gegen Ende des Zweiten Weltkrieges nach Belgien gebracht.

Hachiville (Helzen) ▶ C 2
Der mehrfarbige, spätgotische Schnitzaltar mit Darstellungen von der Geburt bis zur Kreuzigung Jesu in der Pfarrkirche ist eines der kostbarsten Kleinode sakraler Kunst des Landes.

Asselborn (Aasselburg) ▶ C 2
Die alte Wassermühle von Asselborn im idyllischen Tal der Eimes dreht bei Führungen noch ihre Räder. Die vorzüglich renovierte alte Bannmühle beherbergt ein Hotel mit ausgezeichnetem Restaurant (s. S. 93). Attraktionen: ein Mühlenmuseum, in dem gezeigt wird, wie mit Wasserkraft Getreide zu Mehl wird, und ein Schreibzeugmuseum (beide tgl. Mi–Mo 14–18 Uhr, Eintritt jeweils 3 €, ermäßigt 2 €, oder Kombiticket für beide Museen Erw. 5 €, erm. 2,50 €). Eine kleine Kunstgalerie zeigt Werke von Künstlern der ›Grande Région‹, und ein Lernpfad draußen am Bach öffnet den Blick für Besonderheiten der Natur.

Das Moseltal

Mondorf-les-Bains (Munneref) ▶ F 10

Eigentlich hatte man 1846 nach unterirdischen Salzstöcken gesucht und war dabei zufällig auf etwas ganz anderes gestoßen: auf eine schwefelhaltige Thermalquelle. Das ließ das kleine, nahe Frankreich im schönen Tal der Gander gelegene Mondorf (4300 Einw.) zum beliebten Kurort aufsteigen, dem einzigen des Großherzogtums. So wie einst Berühmtheiten wie der Komponist Maurice Ravel, der Pianist Arthur Rubinstein oder der Schriftsteller Victor Hugo, können auch Sie hier erholsame Anwendungen genießen und in den reizvollen Parkanlagen flanieren.

St.-Michael-Kirche
Rue St. Michael
Prachtvolle Rokokokirche (1764–1766) mit herrlichen Freskenmalereien und einer kunstvoll gearbeiteten Pietà. Gegenüber der Kirche: schöne steinerne Kreuzigungsgruppe (um 1730).

Figurenbrunnen Maus Ketti
An der Place de l'Indépendance
Drolliger Figurenbrunnen mit der ›D'Maus Ketti‹, der Hauptfigur aus der bekannten Geschichte des Dichters Auguste Liesch aus Mondorf.

Wie Katz und Maus? Der Figurenbrunnen erinnert an einen literarischen Sohn des Kurorts

Mondorf-les-Bains

Übernachten

4-Sterne-Luxus – **Hotelrestaurant Casino 2000:** Rue Th. Flammang, Tel. 26 67 82 13, www.casino2000.lu, DZ ab 147 €. 28 elegant mit allem Komfort eingerichtete Zimmer und drei Suiten. Show, Glücksspiel und Entertainment, Feinschmeckerrestaurant Les Roses, Restaurant Le Manège.

Voller Charme – **Hotel du Grand Chef:** 36, av. des Baines, Tel. 23 66 80 12, www.grandchef.lu, DZ ab 98 €. Vis-à-vis dem Kurhaus in gepflegter Parkanlage mit uralten Ginko-Bäumen. Einst Residenz eines Adligen, bewahrt das Haus den Charme vergangener Epochen, mit allen Annehmlichkeiten. 40 komfortable Zimmer. Restaurant Le Trotyanne (tgl. 12–14, 19–21.30 Uhr, Hauptgericht ab ca. 17 €, Menü ab ca. 26 €). Klassisch stilvolles Restaurant mit kreativer und bodenständiger Küche, Veranda-Terrasse mit schöner Aussicht auf den Hotelpark.

Essen und Trinken

Mediterran – **Dolce Vita:** 4, av. Dr. Klein, Tel. 23 66 80 73, www.dolcevita.lu, tgl. 12–14, 18–23 Uhr, Pizzas ab ca. 7 €, Gerichte vom Pferd ab ca. 17 €. Hauch von Art déco. Pizzas, Pastas und knackig frische Salate, aber auch Steak vom Pferd. Mit Gartenterrasse.

Edel – **De Jangeli:** Rue du Dr. E. Feltgen (im Parc Hôtel): Tel. 23 66 65 25, www.mondorf.lu, tgl. 12–13.45, 18.30–21.30 Uhr, Hauptgericht ab ca. 18 €. Moderne und intime, dennoch gemütliche Atmosphäre. Französisch-gastronomische Küche und erlesene Weine. Köstlich: geräucherter Schwertfisch.

Für kleinen Hunger – **Maus Kätti:** Av. des Bains (im Parc Hôtel), Tel. 23 66 65 30, www.mondorf.lu, Mo–Fr 10.30–20.30, Sa bis 21.30, So, Fei bis 19 Uhr, Tagesgericht mit Kaffee 10 €. Gemütlich eingerichtetes Bistro in den Alten Thermen, Gegrilltes und kleine Gerichte, mittags gibt es ein leckeres Tagesgericht und anschließend einen Kaffee dazu.

Ausgehen

Rien ne va plus – **Casino 2000:** Rue Th. Flammang, Tel. 23 61 11, www.casino2000.lu, Spielsaal tgl. ab 19, So ab 16 Uhr, Spielautomatensaal tgl. ab 10 Uhr. Neben den bekannten Glücksspielarten finden hier aufwendige Bühnenshows und Gastspiele hochkarätiger internationaler Künstler statt. Für den Gaumen gesorgt wird im Sternerestaurant Les Roses (Do–Mo 12–14, 19–21.30 Uhr), im Büfett-Restaurant Le Manège (tgl. ab 19.30 Uhr) und Restaurant Purple Lounge (So–Do 11–2, Di bis 23, Fr, Sa bis 4 Uhr).

Sport und Aktivitäten

Wellness und Spa – **Domaine Thermal:** Av. des Baines, Tel. 23 66 6-0, www.mondorf.lu. Im 36 ha großen, gepflegten Kurpark gelegenes Thermalzentrum mit Kur-, Wellness- und Fitnessabteilung, Sport- und Freizeitclub, 4-Sterne-Hotel. Die modernen Badeeinrichtungen werden von der mineralhaltigen Michel-Lucius-Quelle gespeist.

Sport und Entspannung – **Mondorf Le Club:** Av. des Baines (in der Domaine Thermal, s.o.) Tel. 23 66 69 99, www.mondorf.lu, Mo 14–22, Di–Do 9–22, Fr 9–23, Sa, So, Fei 9–20 Uhr, ab 18,50 €. Zum umfangreichen Angebot des für jedermann zugänglichen Clubs gehört neben Fitnesspavillon, Indoor-Cycling, Power-Plates, Squashplätzen, Beachvolleyballfeld auch eine Kletterwand, an der auch Anfänger unter professioneller Anleitung Klettern lernen können.

Infos und Termine

Syndicat d'Initiative: 26, av. des Bains, Tel. 23 66 75 75, www.mondorf.info, Di–Sa 9–12, 13–18, So 14.30–18.30 Uhr.

Das Moseltal

Schengen ▶ G 11

Das schmucke Moseldorf (430 Einw.) am luxemburgisch-französisch-deutschen Dreiländereck wurde 1985 durch den Akt der Unterzeichnung des ›Schengener Abkommens‹ zum Inbegriff eines grenzenlosen Europa. Die Winzer des Dorfes verfügen über hervorragende Lagen und stellen einen der besten Weine an der Mosel her (**direkt 14** ▶ S. 101). Der nahe gelegene Stromberg bietet eine herrliche Aussicht über das Schengener Eck. Von dem Berg sollen sich die Römer die Steine zum Bau der Porta Nigra in Trier geholt haben.

Europa-Gedenkstein
Place de l'Europe
Mit den Worten ›Accord de Schengen – Europa ouni Grenzen – L'Europe sans frontières‹ wird an die Unterzeichnung des Schengener Abkommens, durch das der kleine Ort in die Geschichte Europas eingegangen ist, erinnert. Am Abend des 14. Juni 1985 setzten Vertreter von Belgien, Deutschland, Frankreich, Luxemburg und den Niederlanden auf dem inmitten der Mosel dahindümpelnden Dampfer ›Princesse Marie Astrid‹ ihren Federstrich unter das Abkommen und schafften damit die Personenkontrollen an den Grenzen ab.

Europäisches Museum Schengen
Rue Robert Goebbels, Di–Fr 10–17, Sa, So, Fei 14–17 Uhr, Eintritt frei
Hier dreht sich alles um das Schengener Abkommen und die Europäische Union.

Europa-Museum
2, Hemmeberreg, Tel. 26 66 71 21, www.europamuseum.com, Mo–Fr 10–16 Uhr, Eintritt 3 €, ermäßigt 2 €
Wechselnde Ausstellungen mit Werken zeitgenössischer Kunst aus der EU.

Übernachten
Luxuriös – **Château de Schengen:** S. S. 103

Essen und Trinken
Kleine Speisen – **An der aler Schwemm:** 6, rue Robert Goebbels, Tel. 26 66 57 39, tgl. 11–23, im Sommer ab 10 Uhr, ab ca. 3,50 €. Bistro im Europa-Informationszentrum. Schinkenbrote, Snacks. *Kochkéiseschmier* – eine luxemburgische Spezialität.

Infos
Regionales Fremdenverkehrszentrum mit Europe-Direct-Informationsstelle: Rue Robert Goebbels, Tel. 26 66 58 10, www.schengen-tourist.lu, Di–Fr 10–17, Sa, So, Fei 14–17 Uhr.

Remerschen ▶ G 11

Das kleine, gerade 650 Einwohner zählende Winzerdorf liegt etwas zurückgesetzt vom Moselufer in den Weinbergen. Es ist besonders bekannt für seine ausgezeichneten Pinot-blanc-Weine.

Kirche
Der schöne, 1766 erbaute romanische Glockenturm der Kirche diente einst auch als Wach- und Wehrturm. Wertvolle Fresken des mährischen Malers Ignaz Millim, 1908 unterm Anstrich entdeckt, schmücken den Chorbereich im Innern der Kirche.

Essen und Trinken
Am Wasser – **Le Chalet:** Breicherwee, Tel. 26 66 51 91, www.lechalet.lu, Mi–Mo (Juli, Aug. auch Di) 12–14, 18.30–22 Uhr, ab 9 €. Schöne Lage zwischen Seen, schickes, modernes Interieur, Terrasse mit Blick aufs Wasser. Pizza und Pasta, luxemburgische Spezialitäten, Fisch- und Fleischgerichte. S. 104

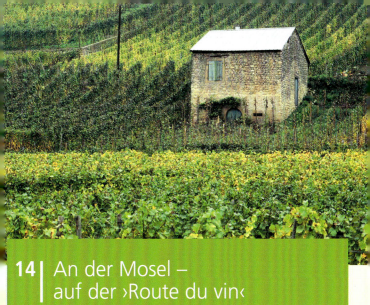

14 | An der Mosel – auf der ›Route du vin‹

Karte: ▶ G 11–H 7 | **Autotour:** Tagesfahrt, 42 km

Idyllische Winzerdörfer, Uferpromenaden, Weinberge, Keltereien, Weinmuseen und natürlich das Pröbeln – die luxemburgische Weinstraße schlängelt sich von Schengen bis Wasserbillig durch die reizvolle Mosellandschaft.

Am Anfang der ›Wäistrooss‹ liegt das europaweit berühmte **Schengen** (s. S. 100), das dennoch ein verträumtes Weindorf geblieben ist. Gewiss hat man Victor Hugo im **Schengener Schloss** 1 ein Gläschen Rebsaft kredenzt, als er dort 1871 beherbergt wurde. 1812 auf Resten einer spätmittelalterlichen Wasserburg erbaut, von der noch der Turm existiert, beheimatet das klassizistische Schloss heute ein Nobelhotel. Zum Dank für die Gastfreundschaft ließ der Dichter der Dame des Hauses eine Zeichnung des Turmes zurück – gemalt mit Kaffeesatz rund um einen Fleck verschütteten Kaffees!

Remerschen (s. S. 100) bekannt für ausgezeichnete Pinot-blanc-Weine, wird von der Barockkirche mit Wehrturm dominiert. Im Inneren ist sie mit prachtvollen Fresken von Ignaz Millim geschmückt. Zum Pröbeln in den ›**Caves du Sud**‹ 2 lädt die Probierstube in Form eines alten Römerschiffes ein.

Links die Weinberge, rechts die Mosel, geht es nach **Schwebsange** 3 (s. S. 104). Der Dorfbrunnen spendet zum Weinfest am ersten Septembersonntag statt Wasser süffigen Wein. An der Dorfstraße stößt man auf eine uralte Weinpresse und auf dem Friedhof auf einen gallorömischen **Sarkophag**.

In **Bech-Kleinmacher** (s. S. 104) gewinnt man im Wein- und **Folklore- und Weinmuseum ›A Possen‹** 4 Eindrücke von der Arbeitsweise der Winzer und vom Leben auf dem Lande in früheren Jahren. In der gemütlichen Vesper- und Probierstube werden Wein und einheimische Spezialitäten angeboten.

Das Moseltal

Das idyllische Winzerdorf **Wellenstein** (s. S. 104) mit seinem hübschen Dorfplatz ist bekannt für seine Ruländer- und Traminerweine. In der **Kellerei der Winzergenossenschaft** 5 (Caves de Wellenstein) wird manch edles Tröpfchen verköstigt.

Friture – lecker Moselfischchen

Auf **Remichs** (s. S. 104) baumgesäumter, schattiger Esplanade am Moselufer lässt es sich gemütlich promenieren oder in einem der Restaurants oder Straßencafés eine *friture* genießen. Bei einem Besuch der Felsenkeller der **Caves St. Martin** 6 schließt der Eintritt ein Glas Crémant oder Traubensaft mit ein.

Große Attraktion von **Stadtbredimus** (s. S. 108) ist das **Schloss** 7 von Anfang des 17. Jh. Es beherbergt heute u. a. den Pröbelpavillon ›La Tourelle‹. Etwas für Gruppen ist die Weintour ›Circuit Viticole‹: Besichtigung einer Weinkellerei, Besuch von Weinmuseen, Wanderung durch die Weinberge, Schiffstour auf der Mosel und Weinprobe im Schloss (mind. 20 Teilnehmer, mit Voranmeldung, Tel. 236 96 61).

Hohe Säulen und eine trichterartige Dachkonstruktion – der moderne Betonbau der Domaine Cep d'Or bei **Hëttermillen** ist sehr auffällig. In der **Vinothek mit Weinbar** 8 kann man ohne vorherige Anmeldung Weine probieren.

Im gemütlichen Weindorf **Ehnen** (s. S. 108) scharen sich verwinkelte Gassen mit alten Bürgerhäusern um die einzige Rundkirche Luxemburgs. Im **Weinmuseum** 9 in einem stattlichen Gutshof mit riesiger Weinpresse von 1848 im Vorhof geben alte Gerätschaften Einblicke in die Arbeit der Winzer vergangener Tage. Es gibt sogar ein altes Eichamt, eine Küferei und eine Kelterei mit all ihren Geräten. Ein Musterweinberg im Hinterhof mit den verschiedenen Rebsorten der luxemburgischen Weinbaugebiete ist ebenfalls zu bestaunen.

Weinbau – gewusst wie

In den Weinbergen von **Wormeldange** (s. S. 109) lernt man auf einem **Weinlehrpfad** 1 zahlreiche Aspekte des Weinbaus kennen. Er beginnt bei der Genossenschaftskellerei, wo man auch eine Beschreibung des Lehrpfads erhält (115, route du vin). Auf dem höchsten Weinberg am Ort, dem Koeppchen, thront die **St. Donatus Kapelle** als Wahrzeichen für das Weinbaugebiet.

Grevenmacher (s. S. 110), Hochburg des luxemburgischen Weinbaus, hat eine reizvolle Altstadt mit engen Gassen und sorgsam restaurierten Häusern. Hier sind gleich zwei große Kellereien zu besichtigen: die **Genossenschaftskellerei** 10 und die **Sektkellerei Bernard-Massard** 11. Und auf dem **Wein- und Naturerlebnispfad ›Kelsbaach‹** 2 (Rundweg, 4 km) entdecken Sie Erstaunliches über die Natur, verschwundene Mühlen und Bergwerke und den Weinbau. Ausgangspunkt: Parkplatz am Friedhof in Grevenmacher.

Die Wurzeln von **Wasserbillig** (s. S. 111) reichen bis in das 1. Jh. n. Chr. zurück, als römische Legionäre im Bereich der Mündung ein Kastell errichteten. Sehenswert ist die barocke **Pfarrkirche** 12 mit einem Altar aus dem Jahre 1748, der aus der Abtei Bernkastel an der deutschen Mosel stammt.

Infos

Über 42 km erstreckt sich die ›Route du vin‹ oder ›Lëtzebuerger Wäistrooss‹ entlang der Mosel, mit dem Auto durchaus an einem Tag zu schaffen, wenn man nur ›schnuppern‹ möchte. Schließt man hier und dort das Weinpröbeln ein, sollte man mehr Zeit und

14 | Auf der ›Route du vin‹

evtl. auch einige Übernachtungen einplanen.

Übernachten im Schloss
Château de Schengen: 2, beim Schlass, Tel. 44 23 231, www.chateau-de-schengen.lu, DZ ab 105 €. In den 30 stilvoll eingerichteten Zimmern, davon viele mit Terrasse, vereint sich der Charme der Vergangenheit mit modernem Komfort. Im Restaurant Am Schloss kommen anspruchsvolle Genießer auf ihre Kosten.

Wein im Museum
Folklore- und Weinmuseum ›A Possen‹: 1, rue Aloyse Sandt, Bech-Kleinmacher, Tel. 23 69 73 53, www.musee-possen.lu, Ostern–Okt. Di–So, Nov.–Dez. sowie März bis vor Ostern Fr–So, Fei 11–19 Uhr, Eintritt 4 €, ermäßigt 1,50 €.
Weinmuseum Ehnen: 115, route du vin, Tel. 76 00 26, April–Okt. Di–So 9.30–11.30, 14–17 Uhr, sonst auf Anfrage, Eintritt 3,50 €, ermäßigt 1,50 €.

Besichtigen, Verkosten, Schlemmen
Caves du Sud: Remerschen, 32, route du vin, Tel. 23 66 41 65, Mo–Fr 10–18 Uhr, außer an Fei.
Caves de Wellenstein: 13, rue des Caves, Wellenstein, Tel. 26 66 14-1, www.vinsmoselle.lu, Mai–Okt. tgl. 9–18 Uhr, sonst nach Vereinbarung.
Caves St. Martin: Remichen, 53, route de Stadtbredimus, Tel. 23 69 97 74, www.cavesstmartin.lu, April–Okt. Di–So 10–11.30, 13.30–17 Uhr, Nov.–März nur auf Anfrage.
La Tourelle: 12, route du vin, Tel. 23 69 85 11, www.tourelle.lu, Fr–Di 11.30–14, 18–21 Uhr, ab ca. 10 €.
Cep d'Or: Hëttermillen, 15, route du vin, Tel. 76 83 83, www.cepdor.lu, Saison Mo–Fr 8–12, 14–19, Sa, So 15–19 Uhr, sonst Sa ab 17 Uhr und So geschl.
Caves coopératives des vignerons de Grevenmacher: 12, rue des Caves, Tel. 75 01 75, Mai–Okt. Di–Sa 10–12, 13–17 Uhr, sonst nach Vereinbarung.
Sektkellerei Bernard-Massard: 8, rue du Pont, Tel. 75 05 451, www.bernard-massard.com, April–Okt., tgl. 9.30–18 Uhr.

103

Das Moseltal

Sport und Aktivitäten
Naturidylle – **Haff Réimech:** Das idyllische Naturschutzgebiet rund um eine kleine ›moselanische Seenplatte‹ lädt zu beschaulichen Spaziergängen ein. Dabei kann man in kleinen Schutzhäusern seltene Vögel und Zugvögel beobachten. Ebenfalls sehenswert: ein römisches Grabmonument (s. S. 107).
Am und im Wasser – **Badeseen:** Zone de récréation et de sports Remerschen. Strand, Beachvolleyball, Kinderschwimmbecken, Tretboote und mehr.

Infos und Termine
Tourist-Info: S. Schengen S. 100.
Pruefdaag: 1. Mai. Weinfest, bei dem die Weine des neuen Jahrgangs vorgestellt und ausgiebig kommentiert werden.

Schwebsange (Schwéidsbéng) ▶ G 10

Eine mittelalterliche Weinpresse, ein gallorömischer Sarkophag, riesige Weinfässer, ein schöner mit Figuren von Kindern und Trauben geschmückter Dorfbrunnen – das gemütliche, kleine Winzerdorf (220 Einw.) ist wie ein Freilichtmuseum.

Übernachten
Prima Lage – **Camping Du Port:** 10, Route Nationale, Tel. 23 66 44 60, www.wellenstein.lu, April–Okt. Platz ab 5 €, Erw. 3,50 €, Kind 2 €. Direkt an der Mosel, neben dem Jachthafen.

Essen und Trinken
Luxemburgisch – **Restaurant Rotonde:** 11, route du vin, Tel. 23 66 41 51, Mi–So, 12–15, 18.30–23 Uhr, à la carte ab ca. 14 €. Kleines Restaurant mit Terrasse, luxemburgische Küche, lecker: *Friture de la Moselle*.

Brasserie – **Du Port:** 10, route Nationale, Tel. 26 66 57 64, www.brasserie-du-port.info, Mi–Mo 10–24, warme Küche 12–14, 18–22 Uhr, Tagesmenü (mittags und abends) 9,50 €. Leicht und locker eingerichtet, Terrasse direkt am Jachthafen. In der Woche Jägerschnitzel, Carpaccio, Spaghetti und derlei, Sa, So auch schon mal Fleischspieß, Kabeljau oder Gnocchi.

Infos und Termine
Tourist-Info: S. Wellenstein S. 104.
Fête du Vin: Erster So im Sept. Weinfest, bei dem der Dorfbrunnen statt Wasser köstlichen Wein spendet.

In der Umgebung
Bech-Kleinmacher (Bech-Maacher) ▶ G 10
Kleiner Ort mit gerade mal 480 Einwohnern, aber einem großen Museum: Musée folklorique et viticole ›A Possen‹ (s. S. 101).
Kleinmacher ist ein guter Ausgangspunkt für die **Radrundfahrt ›Velo Romanum‹** `direkt 15` S. 105

Wellenstein (Wellesteen) ▶ G 10
Etwas landeinwärts der Mosel gelegen, hat der Weinort mit seinem pittoresken Dorfplatz und stilvollen Winzerhäusern einen dörflichen Charakter bewahrt, dazu trägt auch die urige Kirmes Ende Juli bei. Einige der schönen Winzerhäuser werden als Ferienwohnungen vermietet (Info: Syndicat d'Initiative: 3, rue de la Source, Tel. 23 69 98 58, www.siw.lu, Mo–Mi, Fr 8.30–11.30 Uhr).

Remich (Réimech) ▶ G 10

Das auf die römische Siedlung *Remacum* zurückgehende Städtchen (3150 Einw.) an der Mosel wurde mehr-   S. 107

15 | Auf dem Stahlross in die Antike – von der Mosel nach Dalheim

Karte: ▶ F/G 10/11 | **Start:** Bech-Kleinmacher

Römer in Luxemburg? Ja, richtig! Denn die waren hier. 500 Jahre lang. Haben Grabtempel, Villen, Thermen und Theater erbaut. Und haben sogar den Weinbau eingeführt. Treten Sie auf der ›Velo Romanum‹ in die Pedalen und begeben Sie sich auf die Spuren der Sandalenträger.

Zweieinhalb Tonnen wiegt der Steinbrocken, hat oben ein Loch und senkrechte Nuten von trapezförmigem Querschnitt an zwei gegenüber liegenden Seiten. Man hat ihn in **Bech-Kleinmacher** 1 gefunden, in zwei Meter Tiefe. Kein gewöhnlicher Brocken, dieser Stein, denn Experten erkannten sogleich: Es handelt sich um den **Kelterstein** einer römischen Traubenpresse, und zwar einer recht großen. Das dazugehörige Kelterhaus gehörte zu einer römischen Villa, die offenbar Mitte des 4. Jh. abgebrannt war. Sie finden diesen Stein in der Parkanlage neben dem Gemeindehaus, erreichbar über den Parkplatz, wo die Fahrradtour begonnen werden kann.

In den Weinbergen über dem Winzerdorf liegt außerdem eine um 300 n. Chr. errichtete zweigeschossige **Grabkammer**, deren tempelartigen Oberbau man rekonstruiert hat (von der Kirche aus entlang der Route du vin, an der Kreuzung Rue du Caves rechts ab hangaufwärts). Die unterirdische Grabkammer war mit bunten Fresken ausgemalt.

Radeln Sie nun auf dem Radweg ›Velo Romanum‹ entlang der Mosel zum **Friedhof von Schwebsange** 2. In der Nähe des Orts ist man 1958 auf einen römischen Friedhof (3./4. Jh.) gestoßen, den man damals allerdings zerstört hatte, nur wenig wurde erhalten. Darunter ein massiver **spätrömischer Steinsarg**, der noch ein Skelett enthielt. Heute steht der kostbare Sarkophag im Eingangsbereich des Schwebsinger Friedhofs. Vom Relief des Grabsteins des Ehe-

Das Moseltal

paars (Original im Nationalmuseum in Luxemburg, s. S. 38), hat man einen Kunststeinabguss angefertigt, zu sehen in der Leichenhalle des Friedhofs.

Jetzt geht es zur Mosel hinunter und an ihr entlang flussaufwärts, bis rechts im **»Haff Réimech«** (s. S. 104) bei Remerschen ein monumentales römisches **Grabdenkmal** 3 auftaucht. Nur römische Großwinzer oder vermögende Weinhändler konnten sich damals ein imposantes Grabmonument wie das des römischen Weingutes »op Mecheren« errichten lassen, dessen Reste man hier entdeckt hat. Aus den Fundstücken hat man ein sechs Meter hohes Denkmal rekonstruiert, dessen Reliefs in verschiedenen Szenen aus dem Alltagsleben der Villenbesitzer berichten.

Den »Kräizbierg« hinauf

Sowie Sie an der nächsten Straße an der Mosel rechts abgebogen und durch Remerschen hindurch sind, wird es ziemlich anstrengend: Richtung **Kräizbierg** geht es einen halben Kilometer teuflisch bergauf! Dafür wird man, oben angekommen, mit einem tollen **Fernblick** belohnt. Weiter geht es auf dem Bergrücken nach Elvange und Ellange-Gare, südlich an Ellange vorbei, auf dem Bremhaff und der Munnereferstrooss nach Filsdorf und auf der N13 nach **Dalheim**.

Am Südrand des Orts liegt an der N13 das über 30 ha große Ruinenfeld des römischen **Vicus Ricciacus** 4. Im 2./3. Jh. hatte die Siedlung Ähnlichkeit mit einer römischen Stadt des Mittelmeerraumes: im Schachbrettmuster angelegte Straßenzüge, Theater, Thermen, Läden, Werkstätten und einem Tempelbezirk mit Kultbauten. Bei Ausgrabungen Mitte des 19. Jh. fand man hier 24 000 römische Münzen und Statuen der Götter Jupiter und Minerva. Heute befinden sich diese ›Dalheimer Götter‹ im Pariser Louvre. Von der einst bedeutenden römischen Anlage sind noch die Reste einiger Häuser zu sehen. Imposant ist das mit steinernen Sitzreihen ausgestattete gallorömische Theater im Ort, zu dem man über den Neie Wee (Neuen Weg) gelangt.

Auf einem **Radwanderweg** mit schönen Ausblicken geht es über die Trasse der ehemaligen »Jangelis Bunn« über Elangen und den Scheierbierg nach **Bech-Kleinmacher** zurück.

Infos
Länge der Strecke: 35 km, wovon zwei Drittel eben sind und ein Drittel hügelig. Große Teile der Route sind mit Schildern markiert, auf denen ›Velo Romanum‹ steht. Eine Broschüre samt Routenkarte erhält man in den örtlichen Touristenbüros, man kann beides auch downloaden: www.strasse-der-roemer.de.

Kleine Stärkung nach der Tour?
Die urige Weinstube des **Folklore- und Weinmuseums ›A Possen‹** 1 in Bech-Kleinmacher (1, rue Aloyse Sandt, www.musee-possen.lu) wartet von Ostern bis Okt. Di–So von 11–23 Uhr auf Gäste.

Remich

An den Moselhängen reifen die guten Tropfen, die Sie in den Kellereien verkosten können

fach zerstört, nur wenige alte Gassen lassen etwas von seinem ursprünglichen Charme erahnen. Mit seiner baumgesäumten, schattigen Flanierpromenade ›Esplanade‹ an der Mosel, den schönen Aussichten, Picknickplätzen und zahlreichen Restaurants (Spezialitäten: kleine, knusprig gebackene Moselfische, *friture* genannt, und gebackener Hecht) ist es ein viel besuchter Touristenort.

Porte St. Nikolas
Eines der wenigen Überbleibsel des mittelalterlichen Remich, im Torbogen: St. Nikolaus mit Kindern in der Fleischerbütte. Hinter dem Tor liegen beschauliche Gassen.

Caves St. Martin
S. S. 102.

Caves St. Remy-Desom
9, rue Dicks, Tel. 23 60 40-1.
Weinprobe, Verkauf nach Vereinbarung im Empfangsraum auf der Esplanade.

Caves Krier Frères
1, montée St-Urbain, Tel. 23 69 60-1, www.krierfreres.lu, Mo–Fr 8–12, 13–17 Uhr
Besichtigung des Weinkellers nur nach Vereinbarung für Gruppen ab 6 Pers.

Übernachten
Freundliche Atmosphäre – **Auberge des Cygnes:** 11, Esplanade, Tel. 23 69 88 52, www.cygnes.lu, DZ ab 65 €. 12 komfortable Zimmer, nach vorne raus mit Aussicht auf die Mosel. Restaurant und Pizzeria mit Terrasse (12–14.30, 18–22 Uhr), Fahrradverleih für die Gäste. Halb- und Vollpension möglich, Gastronomische Wochenenden.

Ruhig – **Hotel des Vignes:** 29, route de Mondorf, Tel. 23 69 91 49, www.hotel-vignes.lu, DZ ab 107 €. Charmantes Hotel inmitten der Weinberge mit schönem Panoramablick auf das Moseltal. 24 komfortable Zimmer, davon 15 mit Privatterrasse. Restaurant mit französischer und regionaler Küche (Menü ab 16 €).

Das Moseltal

Essen und Trinken
An der Mosel reiht sich an der Esplanade und den Quais (an der Moselbrücke) ein Restaurant an das andere – Fisch ist hier immer eine gute Wahl.
Schöne Aussicht – **Pavillon Saint Martin:** 53, route de Stadtbredimus, Tel. 23 66 91 02, www.pavillonstmartin.bizz.lu, tgl.12–15, 18–21.30, So 12–14.30 Uhr Brunch, Mo, Di außerhalb der Saison geschl., à la carte ab ca. 18 €. Schöne Aussicht auf die Mosel, köstliche Fisch- und Fleischgerichte.
Genussreich – **Lohengrin:** 31, Esplanade, Tel. 266 63, www.lohengrin.lu, tgl. 12–14, 18.30–21.45 Uhr, Hauptgericht ab 18 €. Französische Cuisine mit einer Prise Mittelmeer, auch regionale luxemburgische Gerichte, dazu gute luxemburgische Weine. Der Wagnersche Held ist zwar nicht zugegen, dafür aber ein Pianist samt Piano.

Sport und Aktivitäten
Mit dem Schiff auf der Mosel – **MS Princesse Marie-Astrid‹:** Zwischen Schengen und Wasserbillig, Grevenmacher, Tel. 75 82 75, www.moselle-tourist.lu. Oder mit den Roude Léiw und Musel III-Schiffen. Navitours, Remich, Tel. 75 84 89, www.navitours.lu.

Infos
Tourist-Info: Am Busbahnhof, Tel. 23 69 84 88, www.remich.lu, Mitte Juni–Mitte Sept. tgl. 10–12.30, 13.30–18 Uhr.

Stadtbredimus (Briedemes) ▶ G 10

Die Wurzeln des malerischen Weinortes (777 Einw.) gehen bis zu den Kelten zurück. Zu Römerzeiten führte hier die Fernstraße Metz-Dalheim über eine Brücke nach Trier. Ein im 15. Jh. erbautes, von Ringmauern umgebenes Schloss, sicherte den Ort. Im Schloss lebte später Luxemburgs Nationaldichter Edmond de la Fontaine, dessen Grab sich bei der Kirche befindet. Heute dreht sich im Schloss alles um den Wein (s. S. 102).

Übernachten
Am Fluss – **Hotel de l'Ecluse:** 29, route du vin, Tel. 23 61 911, www.hotel-ecluse.com, DZ ab 72 €. Kleines, gemütliches Hotel, Zimmer nach vorne raus mit Balkon haben Blick auf die Mosel, die nach hinten auf Weinberge und Garten. Restaurant mit regionaler und traditioneller Küche, schöne Terrasse.

Essen und Trinken
Traditionell – **La Tourelle:** Modernes Ambiente unter faszinierender hölzerner Kuppel. Luxemburgisch-französische Cuisine, lecker: Moselfischchen (S. 102).

Infos und Termine
Administration Communale: 17, Dicksstrooss, Tel. 23 69 62-1, www.stadtbredimus.lu, Mo–Fr 8–12, 13–17 Uhr (Sekretariat).
Liebfrauenkrauttag: 15. Aug., Greiveldange. Arbeitsmethoden und Spiele vergangener Tage.
Wäin a Wënzerfest Picadilly: Am 2. Augustwochenende findet in Stadtbredimus das traditionelle größte Wein- und Winzerfest des Großherzogtums Luxemburg statt, das besonders für seine Weinspezialität, den ›Picadilly‹ der Luxemburger Mosel (eine Art Kir), bekannt ist.

In der Umgebung
Ehnen (Èinen) ▶ G 9
Mit seinen engen, verwinkelten Gassen, die von zahlreichen alten Bürgerhäusern gesäumt werden, zählt Ehnen zu den schönsten Weindörfern an der Mosel. Ein Streifzug durch die schmalen Gassen

Grevenmacher

führt u. a. zu dem hübschen Patrizierhaus ›Wellenstein‹ aus dem Jahr 1623, zum Haus ›A Champans‹ von 1592 und der einzigartigen Rundbaukirche von 1826. (Die begleitende Broschüre »Historischer Spazierweg« ist im Weinmuseum erhältlich, Adresse s. S. 103).

Wormeldange (Wuermeldéng) ▶ G 9

Kopfsteingepflasterte Gassen, malerische Häuserfassaden mit barocken Verzierungen wie Trauben und Putten hier und dort – das ›Rieslingstädtchen‹ Wormeldange (1135 Einw.).

St. Donatus Kapelle

Auf der Kuppe des Koeppchen thront weithin sichtbar und von Weinstöcken umgeben die dem Patron des Weinbaus gewidmete Kapelle St.-Donatus. Von hier hat man eine schöne Panorama-Aussicht über das Moseltal.

Caves des Crémants Poll Fabaire

115, route du vin, Tel. 76 82 11, Mai–Okt: Besichtigung der Kellerei und Weinprobe Mo–Sa 13–18 Uhr
Jeden Sonntag ab 16 Uhr in der Wäistuff: ›Vin Dansant‹ – von Wein beschwingter Tanz mit Livemusik.

Übernachten

Gemütlich – **Hotel Relais du Postillon:** 113, rue Principale, Tel. 76 84 85, www.relaisdupostillon.lu, DZ 70 €, Frühstück extra. Charmantes Hotel mit 14 Zimmern, im Zentrum des Winzerdorfes, mit Restaurant.

Infos und Termine

Maison Communale: 95, rue Principale, Tel. 76 00 31-1, www.wormeldange.lu, Mo 9–12, 14–19, Di–Fr 9–12, 14–16 Uhr.

Journée du Riesling: Erster Sa im Aug. In dem ›Rieslingstädtchen‹ ist beim ›Journée du Riesling‹ Pröbeln angesagt.
Riesling Open: Am dritten Septemberwochenende (Fr–So) wird beim traditionellen Fest ›Riesling Open‹ (Ehnen, Wormeldange, Ahn, Machtum) drei Tage gefeiert, geschlemmt, getanzt und eine neue Rieslingkönigin gekrönt.

In der Umgebung

Ahn (Ohn) ▶ G 9
Die Gegend des Winzerdorfes (250 Einw.) mit den Weinbergen Hohfels und Palmberg lädt zum Wandern mit schöner Aussicht auf das Moseltal ein. Ungewöhnlich: die Flora des Palmbergs. Neben Buchsbäumen wachsen hier ein Dutzend geschützter Orchideenarten, die sonst eher in mediterranen Gebieten zu Hause sind.

Essen und Trinken

Für Feinschmecker – **Mathes:** 37, route du vin, Ahn, Tel. 76 01 06, www.restaurant-mathes.lu, Mi–So 18–20.30, Fr–So auch 12–14 Uhr, Spezialitäten ab ca. 26 €. Erste Schlemmeradresse der Region, Saisonales mit einem Hauch Mediterran, luxemburgische Moselweine, mit Garten und Moselblick.

Machtum (Miechtem) ▶ G 8
Im verträumt an einer Flussschleife der Mosel liegenden Ort beißen die Moselfische offenbar besonders gut an, wie man aus der Anzahl der Angler am Ufer schließen kann.

Grevenmacher (Gréiwemaacher) ▶ H 8

Hochburg des luxemburgischen Weinbaus (4370 Einw.), dessen Ursprung in die galloromanische Zeit zurückreicht.

Das Moseltal

Von der einstigen mittelalterlichen Festung existiert noch ein alter Wachturm, heute Teil der Pfarrkirche. Besonders reizvoll ist die Altstadt mit ihren engen Gassen und sorgfältig restaurierten Häusern.

Kreuzweg

Hoch über der Stadt steht auf dem *Kräizerberg* (Kreuzberg) die Kreuzkapelle, zu der ein steiler, von eindrucksvollen Stationen gesäumter Kreuzweg hinaufführt. Der Kopfstein mit der Jahreszahl 1737 über der Tür der Kapelle belegt das Alter des jetzigen Gotteshauses, in dem sich ein Steinkreuz, das einst bei Hochwasser die Mosel hinaufgeschwemmt worden sein soll, ein eingemauerter Rest einer Kreuzwegstation von 1627 und einige Statuen befinden.

Weinkellereien

Im Ort sind zwei große Kellereien zu besichtigen: **Caves coopératives des vignerons de Grevenmacher** (s. Special S. 103) und **Sektkellerei Bernard-Massard** (s. Special S. 103).

Jardin des Papillons

Route de Trèves, Grevenmacher, Tel. 75 85 39, www.papillons.lu, April–15. Okt., tgl. 9.30–17 Uhr, Eintritt 6,50 €, ermäßigt 3,50 €
Im 600 m² großen tropisch-feuchten Schmetterlingspark flattern Hunderte bunter Schmetterlinge, einheimische und Exoten.

Übernachten

Luxuriös – **Simon's Plaza:** 7, Potaschbierg, Tel. 26 74 44, www.simonsplaza.com, DZ ab 120 €. An der A1 Trier–Luxemburg, dennoch ruhig – alle Zimmer liegen nach hinten heraus. 54 modern eingerichtete Zimmer mit allem Komfort. Inkl. Restaurant und Fitnessraum.

Camping – **Route du vin:** Route du vin, Tel. 75 02 34, April–Sept., Platz 4 €, Erw. 3,80 €, Kind 2 €. Am Ufer der Mosel gelegen, mit Freibad, Kinderspielplatz und Tennisplätzen.

Essen und Trinken

Auf dem Boot – **M. S. ›Princesse Marie-Astrid‹:** 10, route du vin, Tel. 75 82 75, www.moselle-tourist.lu, Ostern–Sept. tgl. außer Mo, Frühstück 6,50 €, Menü 24–54 €. Essen auf Schiffsplanken – bei einer gemütlichen Moselfahrt.

Infos und Termine

Syndicat d'Initiative: 10, route du vin, Tel. 75 82 75, www.grevenmacher.lu, Mo–Fr 8–12, 13–17, im Sommer auch Sa 10–15 Uhr.
Wäimoart: Donnerstags nach Ostern nutzen Weinfreunde den **Weinmarkt** in Grevenmacher, um ihre Weinvorräte aufzufüllen.
Fête du Vin et du Raisin: Im September, www.grevenmacher.org. Bei diesem Weinfest wird mit großem Umzug und Wahl der Weinkönigin gefeiert.

In der Umgebung

Grevenmacherberg ▶ G 8

Auf dem Berg, 4 km südwestlich der Stadt, haben Archäologen Reste einer großen römischen Grabanlage (›Monument Romain‹) aus dem 2. Jh. n. Chr. freigelegt. Von einigen der zahlreichen gefundenen Skulpturen hat man Repliken erstellt und diese an einer nachempfundenen Mauer der Grabanlage angebracht.

Wasserbillig (Waaserbëlleg) ▶ H 7

Ein Schelm, der da meint, dass Wasser in Wasserbillig billig wäre. Das ›billig‹ im Ortsnamen Wasserbillig kommt vielmehr

Wasserbillig

Auf der M. S. Princesse Marie-Astrid lassen sich Ausflug und leibliches Wohl verbinden

von *Biliacum*. So hieß die römische Siedlung, die hier im 1. Jh. an der Mündung der Sauer in die Mosel entstand. Billig ist in Wasserbillig allerdings Sprit. Die Nachfrage ist groß und so reihen sich an der Straße zwischen Wasserbillig und Mertert nicht ohne Grund über ein Dutzend Tankstellen aneinander.

Aquarium
Promenade de la Sûre, Tel. 26 74 02 37, Ostern–Sept. tgl. 10–18, sonst nur Fr–So 10–17 Uhr, Eintritt 3 €, ermäßigt 1,50 €

In 15 Becken, das größte mit 40 000 Litern, tummelt sich alles, was an Fischen in Mosel, Sauer und Our und manch anderen Gewässern umherschwimmt, sogar Piranhas.

Pfarrkirche
Zwei stattliche Haubentürme zeigen die Lage der barocken Pfarrkirche mitten im Ort an. Beeindruckend ist der Hochaltar von 1748, der aus der Mosel-Abtei Bernkastel stammt.

Übernachten
Gemütlich – **Goedert:** 4, place de la Gare, Mertert, Tel. 74 00 21, restgoed@pt.lu, DZ ab 80 €. Kleines, gemütliches 10-Zimmer-Hotel, hauseigener Parkplatz und Fahrradabstellraum.

Camping – **Schützwiese:** 41, rue des Romains, Tel. 74 05 43, ganzjährig, Platz 4,50, Erw. 4 €, Kinder 2 €. Direkt an der Sauer. Fischen in Mosel und Sauer, Tennisplatz 500 m entfernt.

Infos
Deutsch-Luxemburgische Tourist-Info: Moselstr. 1, D-54308 Langsur/Wasserbilligerbrück, Tel. 0 65 01 60 26 66, www.lux-trier.info, Nov.–März Mo–Fr 11–16, April–Okt. Mo–Fr 9–17, Sa, Fei 10–14 Uhr.

Sprachführer Französisch/Lëtzebuergesch

Deutsch | **Französisch/Lëtzebuergesch**

Allgemeines
Guten Morgen — Bonjour!/Moïen!
Guten Tag — Bonjour!/Bonjour!
Guten Abend — Bonsoir!/Moïen!
Auf Wiedersehen — Au revoir!/Awar!
ja/nein — oui/non / Jo/nee
bitte — s'il vous plaît/ Wann ech gelift
Vielen Dank — Merci beaucoup/ Merci! (Villmols)
Entschuldigung — Pardon/Pardon!
Ich heiße … — Je m'appelle …/ Eech heeschen …

Wochentage, Zeit
Montag — lundi/Méindeg
Dienstag — mardi/Dënschdeg
Mittwoch — mercredi/Mëttwoch
Donnerstag — jeudi/Donneschdeg
Freitag — vendredi/Freideg
Samstag — samedi/Samschdeg
Sonntag — dimanche/Sonndeg
Feiertag — jour de fête/Feierdag
Stunde — heure/Stonn
Tag — jour/Deg
Woche — semaine/Woch
Monat — mois/Mount
Jahr — année/Jo(e)r
heute — aujourd'hui/haut
gestern — hier/gëscht(er)
morgen — demain/muer
morgens — le matin/moies
mittags — à midi/mettes
nachmittags — l'après-midi/nomettes
abends — le soir/owes
vor/nach — avant/après/ vir, virun/no
früh/spät — tôt/tard / fréi/spéit

Notfall
Hilfe! — Au secours!/Hëllef!
Polizei — police/Police
Arzt — medecin/Dokter
Unfall — accident/Onfall
Panne — panne/Pann

Unterwegs
Bushaltestelle — arrêt de bus/Arrêt
Bahnhof — gare/Gare
Flughafen — aéroport/Flughafen
Fahrkarte — billet/Billjee
Auto — voiture/Won
Tankstelle — station-service/ Tankstell
Apotheke — pharmacie/Apdikt
Bank — banque/Bank
Krankenhaus — hôpital/Klinik, Spidol
Marktplatz — marché/Maart
Postamt — poste/Post
Rathaus — hôtel de ville/Geméng
Telefonkarte — télécarte/Telefonskaart
Straße — rue/Avenue
rechts — à droite/riets
links — à gauche/lénks
geradeaus — tout droit/riichtaus
hier/dort — ici/là / hei/do
geöffnet — ouvert/opp
geschlossen — fermé/zou

Im Restaurant
Frühstück — petit déjeuner/Kaffi
Mittagessen — déjeuner/Mëttegiessen
Abendessen — diner, souper/ Nuetiessen
essen/trinken — manger/boire/ iessen/drénken
Speisekarte — carte, menu/ Menuskaart
Weinkarte — carte des vins/Wäikaart
Rechnung — addition/Rechnong
Messer — couteau/Messer
Gabel — fourchette/Forschette
Löffel — cuiller (cuillère)/Läffel
Glas — verre/Glas
Flasche — bouteille/Fläsch
Vorspeise — hors d'œuvre/Entrée
Suppe — soupe/Zopp
Hauptgericht — plat principal/Plat
Beilagen — garniture/Garniture
Nachspeise — dessert/Dessert
Salz/Pfeffer — sel/poivre / Salz/Peffer
Tisch — table/Dësch
reservieren — réserver/reservéiren
zahlen — payer/bedalen

Sprachführer

Im Hotel

Zimmer	chambre/Zëmmer	Dusche	douche/Dusch
für eine Person	pour une personne/ fir eng Persoun	Name	nom/Numm
Bad	salle de bains/ Buedzëmmer	Vorname	prénom/Virnumm

Zahlen

 1 un/eeent
 2 deux/zwee
 3 trois/dräi
 4 quatre/véier
 5 cinq/fënnef
 6 six/sechs
 7 sept/siwen
 8 huit/aacht
 9 neuf/néng
10 dix/zéng
11 onze/elef
12 douze/zwielef
13 treize/dräizeng
14 quatorze/véierzéng
15 quinze/fofzéng
16 seize/siechzéng
17 dix-sept/siwwenzéng
18 dix-huit/uechtzéng
19 dix-neuf/nonzéng
20 vingt/zwanzeg
21 vingt et un/eenanzwanzeg
30 trente/drëssig
40 quarante/véirzeg
50 cinquante/fofzeg
60 soixante/siechzeg
70 septante/siwwenzeg
80 quatre-vingt/uechtzech
90 quatre-vingt-dix/nonzeg
100 cent/honnert
101 cent un/honnerteent
200 deux cents/zweehonnert
1000 mille/dausend

Die wichtigsten Sätze

Wie komme ich nach …? Comment j'arrive à …? Wéi kommen ech op …?
Wieviel kostet das? Ça coûte combien? Wat kascht dat?
Wo finde ich …? Où est-ce que je peux trouver …? Wou fannen ech …?
… einen Arzt? … un médecin? … een Dokter?
… eine Apotheke? … une pharmacie? … eng Apdikt?
… eine Werkstatt? … un garage? … een Garag?
Ich brauche … J'ai besoin de … Ech brauchen …
Wann öffnet/schließt …? Quand ouvre/ferme …? Wéini mecht … op ?/Wéini mecht … zou?
Haben Sie ein freies Zimmer? Avez-vous une chambre de libre? Huet Dir nach en Zemmer fräi?
Sprechen Sie Deutsch/Englisch? Parlez-vous l'allemand/l'anglais? Schwätzt Dir Déitsch/Englesch?
Können Sie mir helfen? Pourriez-vous m'aider? Kënt Der mir hëllefen?
Wir hatten einen Unfall. On a eu un accident. Mir haten en Accident.
Ich möchte einen Tisch reservieren. Je veux réserver une table s.v.p. (Je veux faire une réservation s.v.p.). Ech giff gär en Dësch reservéieren.
Die Speisekarte/Weinkarte, bitte. La carte menu/des vins s.v.p. D'Menüskaart/Wäin-kaart wann ech gelift.
Ich hätte gern … Je vais prendre … Ech hätt gär …
Die Rechnung, bitte. L'addition s.v.p. D'Rechnung wann ech gelift.
Wo sind die Toiletten? Où sont les toilettes? Wou sinn d'Toiletten?

Kulinarisches Lexikon

Lëtzebuergesch, in Klammern Französisch

Frühstück

Ee (œuf)	Ei
haard (dur)	hartgekocht
luisgekachtent (à la coque)	weichgekocht
Eërdriwel (œuf brouillés)	Rührei
Spijhelee (œuf sur le plat)	Spiegelei
Kaffi (café)	Kaffee
Mëllech (lait)	Milch
Müsli (muesli)	Müsli
Orangejus (jus d'orange)	Orangensaft
Téi (thé)	Tee
Zoossiss (saucisse)	Wurst

Suppen und Eintöpfe

Bouneschlupp mat Speck e Mettwurscht (soupe aux haricots)	Bohnensuppe mit Speck und Mettwurst
Ënnenzopp (soupe à l'oignon)	Zwiebelsuppe
Hingerbritt (bouillon de poule)	Hühnerbrühe
Ierbëssebulli (soup aux pois)	Erbseneintopf

Fleischspeisen

Biwwelamoud (bœuf à la mode façon luxembourgeoise)	Sauerbraten
Feldhong mat Kabes (perdrix au chou)	Rebhuhn mit Weißkohl
Fierkelsjhelli (cochon de lait en gelée)	Spanferkelsülze, Spezialität des Landes
Fräschenhamen (cuisse de grenouille)	Froschschenkel
Gromperenzalod mad Wierschdelscha (salade de pommes de terre et saucissons)	Kartoffelsalat mit Würstchen
Ham am Deeg (jambon en croûte)	Schinken im Teigmantel
Huesenziwwi (civet de lièvre)	Hasenpfeffer nach Luxemburger Art, zur Jagdsaison
Judd mat Gaardebounen (jambonneau aux fèves des marais)	geräucherter Schweinenacken mit dicken Bohnen
Liewerkniddelen (quenelles de foie de veau)	Leberknödel
Kuddelefléck (gras double à la luxembourgeoise)	Kutteln mit Tomaten- oder Senfsoße, hierzu passen Riesling, Elbling oder Pils
Päerdsbiffdeck (steak de cheval)	Pferdesteak
Réigigot (gigue de chevreuil)	Rehkeule
Rëndsbrot (Rôti de bœuf)	Rinderbraten
Rëndsjarret mat Champignonen (jarret de bœuf chasseur)	Beinscheibe vom Ochsen mit Champignons, nach Jägerart
Schleeken (escargots)	Schnecken
Schnuddelhong (dinde aux marrons)	Truthahn mit Maronen
Träipen (boudin noir)	gebratene Blutwurst, beliebt zu Heiligabend oder als Bauerenträipen mit Kartoffelpüree und Rettich
Wellschwäin (marcassin)	Wildschwein

Kulinarisches Lexikon

Gemüse und Beilagen

Bettseecheschzalot (salade de pissenlit)	Löwenzahnsalat, ›Insbettmachersalat‹
Belsch Fritten (pommes frittes)	wie in Belgien in hellem Rinderfett gebratene Fritten
Gromperen (pommes de terre)	Kartoffeln; Bratkartoffeln haben übrigens, je nach Region, verschiedene Namen: gedupte, geputzte, gebootschte, gefuusste oder gefockste (mit etwas Kaffee zubereitet) Gromperen
Gromperenschnéi (purée de pommes de terre)	Kartoffelpüree
Sauermous (choucroute garnie)	Sauerkraut, eine luxemburgische Spezialität, ähnlich dem elsässischen Sauerkraut

Fisch und Meeresfrüchte

Éil am Riesling (anguille au riesling)	Aal in Wein
Frëll (truite en vinblanc)	Forelle in Weißwein
Gekachte Frell (truite bleue)	Forelle blau
Mullen (moules)	Miesmuscheln

Süßspeisen

Boxemännercher	Hefegebäck, das zu St. Nikolaus serviert wird
Eisekuch (gaufres)	Waffeln
Gebroden Äppel (pommes au four)	Bratäpfel
Hielennerbléien am Deeg (fleurs de sureau en beignets)	Pfannkuchen mit Holunderblüten

Nonnefäscht (pets de nonne) ›Nonnenfurz‹, Krapfen ähnliches Hefegebäck. Im Mittelalter soll ein Bischof in die Küche eines Nonnenklosters gekommen sein, als eine Nonne den Teig in siedendes Fett legte. Das Geräusch erinnerte den Bischof an das eines menschlichen Missgeschicks. Fortan nannte er das Gebäck ›Nonnenfurz‹.

Onofhängegkeetstaart (tarte d'indépendance)	1989 zur 150-jährigen Unabhängigkeitsfeier kreierter, mit Aprikosensaft verfeinerter Apfelkuchen, der auch schon mal mit Vanilleeis beladen wird
Quetschetaart oder Quetscheflued (tarte aux quetsches)	Zwetschgentorte, im September
Verwurelt Gedanken (pensées brouillées)	›Verworrene Gedanken‹, frittierte Gebäckknoten, die vor allem zu Karneval gegessen werden

Zwischendurch

Assiette Maison	kalte Platte mit Schinken und Wurst
Eislécker Ham (Jambon d'Ardennes)	Ardennerschinken, hauchdünn gerne als Vorspeise, aber auch als Gericht mit Bratkartoffeln, Pommes oder als Eislécker Haameschmier auf würzigem Brot
Fritür (friture)	knusprig frittierte Süßwasserfischchen, die mit den Fingern etwa zur Weinprobe gegessen werden
Kachkéis (concaillotte)	Kochkäse, mit Senf garniert und auf Brot serviert

Getränke

Béier (bière)	Bier
Jus de Pommes (jus de pommes)	Apfelsaft
Nëssdrëpp	Walnussschnaps aus Vianden
Quetsch (quetsch)	Zwetschgenwasser
Rousperter (l'eau gazeuse Rosport)	Mineralwasser mit Kohlensäure
Waasser (eau minérale)	Mineralwasser ohne Kohlensäure
Wäin (vin)	Wein

Register

Ahn (Ohn) 109
Al Dikkrich 19
Alzette 30, **32**
Angeln 22
Anreise 18
Ansembourg 59
Ärztliche Versorgung 19
Asselborn (Aasselburg) 97
Auto 18, **26**

Baden 23
Bahn 18, **26**
Ballooning 23
Beaufort (Beefort) 62
Bech-Kleinmacher (Bech-Maacher) 101, **104,** 105, 106
Berdorf 70
Bettembourg (Béteburg) **55,** 56
Binsfeld (Bënzelt) 97
Botschaften 22
Bourglinster (Buerglënster) 55
Bourscheid (Buurschent) 80
Brandenbourg (Branebuerg) 81
Bus 26

Camping 15
Clervaux (Klierf) 6, **92**
– Benediktinerabtei 92
– Klëppelkrich-Denkmal 93
– Loretto-Kapelle 93
– Musée de la Guerre 94
– Musée de la Maquette 94
– Musée du Jouet 92
– Pfarrkirche 92
– Schloss Clervaux 94
– »The Family of Man«-Ausstellung 95

Dalheim 106
Diekirch (Dikrech) 7, **73**
– Alte St. Laurentius Kirche 73
– Conservatoire Nationale de Véhicules Historiques 73
– Musée National d'Histoire Militaire 73
– Museum der Römischen Mosaiken 73
– NaturErlebnisPark 74
Differdange (Déifferdéng) 51
Dudelange (Diddeléng) 51

Echternach (Iechternach) 6, **63,** 64
– Abteimuseum 66
– Benediktinerabtei 66
– Dënzelt (Dingstuhl) 63
– Echternacher See 68
– Echternacher Springprozession 65
– Mittelalterliche Stadtmauer 63
– Museum für Vorgeschichte 67
– Pfarrkirche St. Peter und Paul 67
– Römervilla und Didaktisches Museum über das Leben der Römer 67
– St. Willibrordus-Basilika 64
Echternacher Springprozession 63, **65**
EcoLabel 27
Ehnen (Éinen) 102, **108**
Einreisebestimmungen 18
Émaischen 19
Esch-sur-Alzette (Esch-Uelzecht) 7, **50**
– Galerie Schlassgoart 50
– Musée National de la Résistance 50
Esch-sur-Sûre (Esch-Sauer) 6, 7, **81,** 82
– Burgruine 83
– Lochturm 83
– Marienstatue 83
– Pestkreuz 83
– Pfarrkirche 83
– Tuchfabrik 82
Eschdorf 84
Essen und Trinken 16
Ettelbruck (Ettelbréck) 7, **72**

Fátima-Prozession 92
Feiertage 18
Fels, Burg 62
Feste und Events 19
Festival de Wiltz 92
Festival Historique 77
Festival International Echternach 68
Fête du Vin et du Raisin 110
Flugsport 23
Flugzeug 18
Folklore- und Weinmuseum ›A Possen‹ **101,** 106
Freilichtmuseum ›A Robbesscheier‹ 96
Fremdherrschaft 12

Register

Geld 19
Gënzefest 92
Geschichte 12
Gesellschaft 8
Gesundheit 19
Golf 23
Graf Siegfried 6, 12, **32,** 36, 37, 58
Grevenburg 58
Grevenmacher (Gréiwemaacher) 102, **109**
– Jardin des Papillons 110
– Kreuzweg 110
Grevenmacherberg 110
Großherzog Henri 9
Großherzogtum 12
Gutland 7, **50**

Hachiville (Helzen) 97
Haff Réimech **104,** 107
Heiderscheid (Heischent) 86
Heiderscheidergrund (Heischtergronn) 87
Hëttermillen 102
Hollenfels, Burg **59,** 60
Hotels 14
Hugo, Victor 40, **74,** 98, 101
Huldange (Huldang) 97

Ieoh Ming Pei 5, **44**
Informationsquellen 20
Internationales Musikfestival Bourglinster 61
Internet 20, **26**

Johann der Blinde, König 36
Jugendherbergen 14
Juncker, Jean-Claude 13
Junglinster (Jonglënster) 61

Karneval 19
Kinder 20
Kleine Luxemburger Schweiz 6, **69**
Klettern 23
Klima 21
Koerich 58
Krankenversicherungskarte (EHIC) 20
Kutter, Joseph 39

Larochette (Fiels) 61
›Linster-Dörfer‹ 7
Live at Vauban 49
Ludwig XIV., König 12, 34, **37**
LuxembourgCard **21,** 26, 41
Luxembourg City Tourist Office 20
Luxemburg-Stadt (Lëtzebuerg-Stadt 6, **30**
– Abtei Neumünster 33
– Altstadt 33
– Bock-Kasematten 33
– Bockfelsen 32, 37
– Casino Luxembourg – Forum d'art contemporain 41
– Cathédrale Notre-Dame 30, 45
– Centre Européen (Kirchberg-Plateau) 41, 42
– City Night Bus 49
– Corniche 33
– Fort Thüngen 5, 44
– Galerie d'Art Contemporain ›Am Tunnel‹ 41
– ›Gëlle Fra‹ 30
– Grund-Schleuse 35
– Heilig-Geist-Zitadelle 34
– Karte 31
– Kirchberg-Plateau (Centre Européen) 41, 42
– ›Knuedler‹ 36
– Lützelburg 32, 37
– ›Maierschen‹ 34
– Monument de la Solidarité Nationale 35
– Musée d'Art Moderne Grand-Duc Jean 5, 44
– Musée d'Histoire de la Ville de Luxembourg 37
– Musée de la Banque 41
– Musée Dräi Eechelen 44
– Musée National d'Histoire et d'Art 38
– Musée National d'Histoire Naturelle 41
– Öffentlicher Nahverkehr 49
– Palais Grand-Ducal 9, 36
– Pétrusse-Kasematten 30
– Philharmonie 43
– Place d'Armes 30
– Place de la Constitution 30
– Place Guillaume II 36
– Pont Adolphe 30
– Rham-Plateau 34
– St.-Michaels-Kirche 37
– ›Stierchen‹ 33
– Tourist-Info 49
– Vel'oh! 11
– Viaduc Passerelle 30
– Villa Vauban – Musée d'Art de la Ville de Luxembourg 41
– Wenzel-Rundweg 32

Machturm (Miechtem) 109
Maria Theresia, Kaiserin 36
Marienthal, Kloster 59
Mersch, Schloss 60
Mietwagen 27
Minette 7

Register

›Minièresbunn‹ 52
Mittelalterlicher Weihnachtsmarkt Vianden 77
Mondorf-les-Bains (Munneref) 7, 25, **98**
– Domaine Thermal 99
– Figurenbrunnen Maus Ketti 98
– St.-Michael-Kirche 98
Moseltal 7, 12, **98**
Mountainbiking 23
Munshausen (Munzen) 96
– Freilichtmuseum ›A Robbesscheier‹ 96
Musikalischer Frühling 49

Nachhaltiges Reisen 27
Nationalfeiertag 19
NaturErlebnisPark Diekirch 74
Naturpark Obersauer 27, **85,** 86
Naturpark Our 96
– Bauernhof Cornelyshaff 96
– Klangwanderweg 96
– Naturschutzgebiet Cornelysmilen 96
Nordic Walking 24
Notfälle 22

Obersauer Stausee 84
Octave 19
Öewersauer (Naturpark) 27, **85,** 86
Office National du Tourisme (ONT) 20
Öffnungszeiten 22
Ösling 6, **72**

Parc Industriel du Fond-de-Gras 52
Parc Merveilleux 56
Patton, US-General 72
Pétrusse 30

Polizei 22
Preisniveau 14, 17
Pruefdaag 104

Rad fahren 15, **24,** 106
Rauchen 22
Regierung 10
Reisen mit Handicap 22
Reisezeit 21
Reiten 24
Religion 10
Remerschen **100,** 101
– Haff Réimech 104, 107
Remich (Réimech) 102, **104**
Riesling Open 109
Rindschleiden (Randscheid) 87
›Route du vin‹ 101
Römer 12, 39, 67, 70, 73, 105

Schengen **100,** 101
– Château de Schengen 103
– Europa-Museum 100
– Europa-Gedenkstein 100
– Europäisches Museum Schengen 100
Schengener Abkommen 12
Schoenfels, Burg 59
Schueberfouer 19
Schuman, Robert 13
Schwebsange (Schwéidsbéng) 101, **104,** 106
›Sentier des Sept Châteaux‹ 60
Septfontaines, Burg 58
Sicherheit 22
Sport 22
Sprache (Sprachführer) 8, 10, 112
Stadtbredimus (Briedemes) 102, **108**

Steichen, Edward 95
Summer in the City 19

Tal der sieben Schlösser 7, 58
Tag des Ardennerpferds 97
Telefon 26
Tennis 24
Terres Rouges 51
›Train 1900‹ 52
Trekkershutten 15
Troisvierges (Elwen) 97
Turner, William 40

Umwelt 27
UNESCO-Weltkulturerbe 37, 94
Universität Luxemburg 11
Urlaub auf dem Lande 14

Vauban 12, 34
Veiner Nëssmoort 77
Veranstaltungskalender 19
Verkehr 10, **26**
Vianden (Veianen) 6, **74**
– Hofburg Vianden 75
– Karikaturen- und Cartoon-Museum 78
– Musée littéraire Victor Hugo 74
– Trinitarier-Kirche 78
– Veiner Musée 74

Wäin a Wënzerfest Picadilly 108
Waldentdeckungszentrum Burfelt 86
Wandern 15, **24**
Wasserbillig (Waaserbëlleg) 102, **110**
Wassersport 25
Weinbau- und Kulturstrecken **25,** 102
Weiswampach (Wäiswampech) 97

Register

Wellenstein (Wellesteen) 102, **104**
Wellness 25
Wilhelm I., König 12, 76
Wilhelm II., König 6
Willibrord, hl. 12, **64**
Wiltz (Wolz) 6, **87**
– Dekanatskirche St. Peter und Paul 88
– Jardin de Wiltz 89
– Musée National d'Art Brassicole et de la Tannerie 88
– Museum der Ardennenschlacht 1944/45 87
– Schloss Wiltz 88

Winseler (Wanseler) 92
Wintersport 26
Wirtschaft 11, 13
Wormeldange (Wuermeldéng) 102, **109**

Zoll 18

Das Klima im Blick — atmosfair

Reisen bereichert und verbindet Menschen und Kulturen. Wer reist, erzeugt auch CO_2. Der Flugverkehr trägt mit einem Anteil von bis zu 10 % zur globalen Erwärmung bei. Wer das Klima schützen will, sollte sich für eine schonendere Reiseform (z. B. die Bahn) entscheiden – oder die Projekte von *atmosfair* unterstützen. *Atmosfair* ist eine gemeinnützige Klimaschutzorganisation. Die Idee: Flugpassagiere spenden einen kilometerabhängigen Beitrag für die von ihnen verursachten Emissionen und finanzieren damit Projekte in Entwicklungsländern, die dort den Ausstoß von Klimagasen verringern helfen. Dazu berechnet man mit dem Emissionsrechner auf *www.atmosfair.de*, wie viel CO_2 der Flug produziert und was es kostet, eine vergleichbare Menge Klimagase einzusparen (z. B. Berlin – London – Berlin 13 €). *Atmosfair* garantiert die sorgfältige Verwendung Ihres Beitrags. Klar – auch der DuMont Reiseverlag fliegt mit *atmosfair!*

Autor | Abbildungsnachweis | Impressum

Unterwegs mit Reinhard Tiburzy

Luxemburg – zu dem kleinen Großherzogtum fallen den meisten lediglich Namen von TV-Sendern und -Talkmastern sowie EU-Politikern ein, das Land selbst ist wie ein weißer Fleck auf der Landkarte. Dabei ist es absolut eine Reise wert, mit faszinierenden Naturlandschaften, gemütlichen Orten, einer vielseitigen Cuisine und lebendigen Hauptstadt. Der Autor, Dr. Reinhard Tiburzy, der nur einen Steinwurf von Luxemburg entfernt in Belgien lebt, bereist es seit Langem und hat bereits 1997 beim DuMont Reiseverlag einen Reiseführer zu Luxemburg publiziert. Weitere Schwerpunkte des Reise- und Bildjournalisten sind Belgien, die Niederlande und die USA.

Abbildungsnachweis
Bildagentur Huber, Garmisch-Partenkirchen: S. 4/5 (Schmid)
istockphoto, Calgary: S. 60 (despite); 32 (Jorisvo); 9 (repistu/Lazar); 105, Umschlagrückseite (stockstudioX); 76 (van Beets)
laif, Köln: S. 111 (hemis.fr/Giuglio); 28/29 (Hollandse Hoogte); 48 (Modrow); 107 (Reporters); 17, 34, 36, 40, 45, 47 (Zanettini); Titelbild, S. 68 (Zenit/Boening)
Reinhard Tiburzy, Aachen: S. 7, 11, 13, 38, 43, 53, 55, 56, 63, 64, 66, 70, 79, 81, 85, 87, 89, 91, 94, 98, 101, 120

Kartografie
DuMont Reisekartografie, Fürstenfeldbruck
© DuMont Reiseverlag, Ostfildern

Titelbild
Altstadt von Luxemburg

Hinweis: Autor und Verlag haben alle Informationen mit größtmöglicher Sorgfalt geprüft. Gleichwohl sind Fehler nicht vollständig auszuschließen. Alle Angaben erfolgen ohne Gewähr. Bitte schreiben Sie uns! Über Ihre Rückmeldung zum Buch und Verbesserungsvorschläge freuen sich Autor und Verlag:
DuMont Reiseverlag, Postfach 3151, 73751 Ostfildern,
info@dumontreise.de, www.dumontreise.de

1. Auflage 2011
© DuMont Reiseverlag, Ostfildern
Alle Rechte vorbehalten
Redaktion/Lektorat: Doreen Reeck
Grafisches Konzept: Groschwitz/Blachnierek, Hamburg
Printed in Germany